BIRMANO
VOCABOLARIO

PER STUDIO AUTODIDATTICO

ITALIANO - BIRMANO

Le parole più utili
Per ampliare il proprio lessico e affinare
le proprie abilità linguistiche

5000 parole

Vocabolario Italiano-Birmano per studio autodidattico - 5000 parole
Di Andrey Taranov

I vocabolari T&P Books si propongono come strumento di aiuto per apprendere, memorizzare e revisionare l'uso di termini stranieri. Il dizionario si divide in vari argomenti che includono la maggior parte delle attività quotidiane, tra cui affari, scienza, cultura, ecc.

Il processo di apprendimento delle parole attraverso i dizionari divisi in liste tematiche della collana T&P Books offre i seguenti vantaggi:

- Le fonti d'informazione correttamente raggruppate garantiscono un buon risultato nella memorizzazione delle parole
- La possibilità di memorizzare gruppi di parole con la stessa radice (piuttosto che memorizzarle separatamente)
- Piccoli gruppi di parole facilitano il processo di apprendimento per associazione, utile al potenziamento lessicale
- Il livello di conoscenza della lingua può essere valutato attraverso il numero di parole apprese

Copyright © 2019 T&P Books Publishing

Tutti i diritti riservati. Nessuna parte del presente volume può essere riprodotta o trasmessa in qualsiasi forma o con qualsiasi mezzo elettronico, meccanico, fotocopie, registrazioni o riproduzioni senza l'autorizzazione scritta dell'editore.

T&P Books Publishing
www.tpbooks.com

ISBN: 978-1-83955-063-8

Questo libro è disponibile anche in formato e-book.
Visitate il sito www.tpbooks.com o le principali librerie online.

VOCABOLARIO BIRMANO
per studio autodidattico

I vocabolari T&P Books si propongono come strumento di aiuto per apprendere, memorizzare e revisionare l'uso di termini stranieri. Il vocabolario contiene oltre 5000 parole di uso comune ordinate per argomenti.

- Il vocabolario contiene le parole più comunemente usate
- È consigliato in aggiunta ad un corso di lingua
- Risponde alle esigenze degli studenti di lingue straniere sia essi principianti o di livello avanzato
- Pratico per un uso quotidiano, per gli esercizi di revisione e di autovalutazione
- Consente di valutare la conoscenza del proprio lessico

Caratteristiche specifiche del vocabolario:

- Le parole sono ordinate secondo il proprio significato e non alfabeticamente
- Le parole sono riportate in tre colonne diverse per facilitare il metodo di revisione e autovalutazione
- I gruppi di parole sono divisi in sottogruppi per facilitare il processo di apprendimento
- Il vocabolario offre una pratica e semplice trascrizione fonetica per ogni termine straniero

Il vocabolario contiene 155 argomenti tra cui:

Concetti di Base, Numeri, Colori, Mesi, Stagioni, Unità di Misura, Abbigliamento e Accessori, Cibo e Alimentazione, Ristorante, Membri della Famiglia, Parenti, Personalità, Sentimenti, Emozioni, Malattie, Città, Visita Turistica, Acquisti, Denaro, Casa, Ufficio, Lavoro d'Ufficio, Import-export, Marketing, Ricerca di un Lavoro, Sport, Istruzione, Computer, Internet, Utensili, Natura, Paesi, Nazionalità e altro ancora …

INDICE

Guida alla pronuncia	9
Abbreviazioni	10

CONCETTI DI BASE — 11
Concetti di base. Parte 1 — 11

1. Pronomi — 11
2. Saluti. Convenevoli. Saluti di congedo — 11
3. Come rivolgersi — 12
4. Numeri cardinali. Parte 1 — 12
5. Numeri cardinali. Parte 2 — 13
6. Numeri ordinali — 14
7. Numeri. Frazioni — 14
8. Numeri. Operazioni aritmetiche di base — 14
9. Numeri. Varie — 15
10. I verbi più importanti. Parte 1 — 15
11. I verbi più importanti. Parte 2 — 16
12. I verbi più importanti. Parte 3 — 17
13. I verbi più importanti. Parte 4 — 18
14. Colori — 19
15. Domande — 19
16. Preposizioni — 20
17. Parole grammaticali. Avverbi. Parte 1 — 20
18. Parole grammaticali. Avverbi. Parte 2 — 22

Concetti di base. Parte 2 — 24

19. Giorni della settimana — 24
20. Ore. Giorno e notte — 24
21. Mesi. Stagioni — 25
22. Unità di misura — 27
23. Contenitori — 28

ESSERE UMANO — 29
Essere umano. Il corpo umano — 29

24. Testa — 29
25. Corpo umano — 30

Abbigliamento e Accessori — 31

26. Indumenti. Soprabiti — 31
27. Men's & women's clothing — 31

28. Abbigliamento. Biancheria intima	32
29. Copricapo	32
30. Calzature	32
31. Accessori personali	33
32. Abbigliamento. Varie	33
33. Cura della persona. Cosmetici	34
34. Orologi da polso. Orologio	35

Cibo. Alimentazione 36

35. Cibo	36
36. Bevande	37
37. Verdure	38
38. Frutta. Noci	39
39. Pane. Dolci	40
40. Pietanze cucinate	40
41. Spezie	41
42. Pasti	42
43. Preparazione della tavola	43
44. Ristorante	43

Famiglia, parenti e amici 44

45. Informazioni personali. Moduli	44
46. Membri della famiglia. Parenti	44

Medicinali 46

47. Malattie	46
48. Sintomi. Cure. Parte 1	47
49. Sintomi. Cure. Parte 2	48
50. Sintomi. Cure. Parte 3	49
51. Medici	50
52. Medicinali. Farmaci. Accessori	50

HABITAT UMANO 52
Città 52

53. Città. Vita di città	52
54. Servizi cittadini	53
55. Cartelli	54
56. Mezzi pubblici in città	55
57. Visita turistica	56
58. Acquisti	57
59. Denaro	58
60. Posta. Servizio postale	59

Abitazione. Casa 60

61. Casa. Elettricità	60

62. Villa. Palazzo	60
63. Appartamento	60
64. Arredamento. Interno	61
65. Biancheria da letto	62
66. Cucina	62
67. Bagno	63
68. Elettrodomestici	64

ATTIVITÀ UMANA	65
Lavoro. Affari. Parte 1	65
69. Ufficio. Lavorare in ufficio	65
70. Operazioni d'affari. Parte 1	66
71. Operazioni d'affari. Parte 2	67
72. Attività produttiva. Lavori	68
73. Contratto. Accordo	69
74. Import-export	70
75. Mezzi finanziari	70
76. Marketing	71
77. Pubblicità	72
78. Attività bancaria	72
79. Telefono. Conversazione telefonica	73
80. Telefono cellulare	74
81. Articoli di cancelleria	74
82. Generi di attività commerciali	75

Lavoro. Affari. Parte 2	77
83. Spettacolo. Mostra	77
84. Scienza. Ricerca. Scienziati	78

Professioni e occupazioni	80
85. Ricerca di un lavoro. Licenziamento	80
86. Gente d'affari	80
87. Professioni amministrative	81
88. Professioni militari e gradi	82
89. Funzionari. Sacerdoti	83
90. Professioni agricole	83
91. Professioni artistiche	84
92. Professioni varie	84
93. Attività lavorative. Condizione sociale	86

Istruzione	87
94. Scuola	87
95. Istituto superiore. Università	88
96. Scienze. Discipline	89
97. Sistema di scrittura. Ortografia	89
98. Lingue straniere	90

Ristorante. Intrattenimento. Viaggi	92
99. Escursione. Viaggio	92
100. Hotel	92

ATTREZZATURA TECNICA. MEZZI DI TRASPORTO	94
Attrezzatura tecnica	94
101. Computer	94
102. Internet. Posta elettronica	95
103. Elettricità	96
104. Utensili	96

Mezzi di trasporto	99
105. Aeroplano	99
106. Treno	100
107. Nave	101
108. Aeroporto	102

Situazioni quotidiane	104
109. Vacanze. Evento	104
110. Funerali. Sepoltura	105
111. Guerra. Soldati	105
112. Guerra. Azioni militari. Parte 1	107
113. Guerra. Azioni militari. Parte 2	108
114. Armi	110
115. Gli antichi	111
116. Il Medio Evo	112
117. Leader. Capo. Le autorità	113
118. Infrangere la legge. Criminali. Parte 1	114
119. Infrangere la legge. Criminali. Parte 2	115
120. Polizia. Legge. Parte 1	117
121. Polizia. Legge. Parte 2	118

LA NATURA	120
La Terra. Parte 1	120
122. L'Universo	120
123. La Terra	121
124. Punti cardinali	122
125. Mare. Oceano	122
126. Nomi dei mari e degli oceani	123
127. Montagne	124
128. Nomi delle montagne	125
129. Fiumi	125
130. Nomi dei fiumi	126
131. Foresta	126
132. Risorse naturali	127

La Terra. Parte 2   129

133. Tempo   129
134. Rigide condizioni metereologiche. Disastri naturali   130

Fauna   131

135. Mammiferi. Predatori   131
136. Animali selvatici   131
137. Animali domestici   132
138. Uccelli   133
139. Pesci. Animali marini   135
140. Anfibi. Rettili   135
141. Insetti   136

Flora   137

142. Alberi   137
143. Arbusti   137
144. Frutti. Bacche   138
145. Fiori. Piante   139
146. Cereali, granaglie   140

PAESI. NAZIONALITÀ   141

147. Europa occidentale   141
148. Europa centrale e orientale   141
149. Paesi dell'ex Unione Sovietica   142
150. Asia   142
151. America del Nord   143
152. America centrale e America del Sud   143
153. Africa   144
154. Australia. Oceania   144
155. Città   144

GUIDA ALLA PRONUNCIA

Note di commento

Il MLC Transcription System (MLCTS) è usato come trascrizione in questo libro.
Una descrizione di questo sistema può essere trovata qui:
https://en.wiktionary.org/wiki/Wiktionary:Burmese_transliteration
https://en.wikipedia.org/wiki/MLC_Transcription_System

ABBREVIAZIONI
usate nel vocabolario

Italiano. Abbreviazioni

agg	-	aggettivo
anim.	-	animato
avv	-	avverbio
cong	-	congiunzione
ecc.	-	eccetera
f	-	sostantivo femminile
f pl	-	femminile plurale
fem.	-	femminile
form.	-	formale
inanim.	-	inanimato
inform.	-	familiare
m	-	sostantivo maschile
m pl	-	maschile plurale
m, f	-	maschile, femminile
masc.	-	maschile
mil.	-	militare
pl	-	plurale
pron	-	pronome
qc	-	qualcosa
qn	-	qualcuno
sing.	-	singolare
v aus	-	verbo ausiliare
vi	-	verbo intransitivo
vi, vt	-	verbo intransitivo, transitivo
vr	-	verbo riflessivo
vt	-	verbo transitivo

CONCETTI DI BASE

Concetti di base. Parte 1

1. Pronomi

io	ကျွန်ုပ်	kjunou'
tu	သင်	thin
lui	သူ	thu
lei	သူမ	thu ma.
esso	၎င်း	jin:
noi	ကျွန်ုပ်တို့	kjunou' tou.
noi (masc.)	ကျွန်တော်တို့	kjun do. dou.
noi (fem.)	ကျွန်မတို့	kjun ma. tou.
voi	သင်တို့	thin dou.
Lei	သင်	thin
Voi	သင်တို့	thin dou.
essi	သူတို့	thu dou.
loro (masc.)	သူတို့	thu dou.
loro (fem.)	သူမတို့	thu ma. dou.

2. Saluti. Convenevoli. Saluti di congedo

Salve!	မင်္ဂလာပါ	min ga. la ba
Buongiorno!	မင်္ဂလာပါ	min ga. la ba
Buongiorno! (la mattina)	မင်္ဂလာနံနက်ခင်းပါ	min ga. la nan ne' gin: ba
Buon pomeriggio!	မင်္ဂလာနေ့လယ်ခင်းပါ	min ga. la nei. le gin: ba
Buonasera!	မင်္ဂလာညနေခင်းပါ	min ga. la nja nei gin: ba
salutare (vt)	နှုတ်ဆက်သည်	hnou' hsei' te
Ciao! Salve!	ဟိုင်း	hain:
saluto (m)	ဟလို	ha. lou
Come sta?	နေကောင်းပါသလား	nei gaun: ba dha la:
Come stai?	အဆင်ပြေလား	ahsin bjei la:
Che c'è di nuovo?	ဘာထူးသေးလဲ	ba du: dei: le:
Arrivederci!	ဂွတ်ဘိုင်	gu' bain
Ciao!	တာ့တာ	ta. da
A presto!	မကြာခင်ပြန်ဆုံကြမယ်	ma gja. gin bjan zoun gja. me
Addio! (inform.)	နှုတ်ဆက်ပါတယ်	hnou' hsei' pa de
Addio! (form.)	နှုတ်ဆက်ပါတယ်	hnou' hsei' pa de
congedarsi (vr)	နှုတ်ဆက်သည်	hnou' hsei' te
Ciao! (A presto!)	တာ့တာ	ta. da
Grazie!	ကျေးဇူးတင်ပါတယ်	kjei: zu: din ba de

Italiano	Birmano	Pronuncia
Grazie mille!	ကျေးဇူးအများကြီးတင်ပါတယ်	kjei: zu: amja: kji: din ba de
Prego	ရပါတယ်	ja. ba de
Non c'è di che!	ကိစ္စမရှိပါဘူး	kei. sa ma. shi. ba bu:
Di niente	ရပါတယ်	ja. ba de
Scusa!	ဆောရီးနော်	hso: ji: no:
Scusi!	တောင်းပန်ပါတယ်	thaun: ban ba de
scusare (vt)	ခွင့်လွှတ်သည်	khwin. hlu' te
scusarsi (vr)	တောင်းပန်သည်	thaun: ban de
Chiedo scusa	တောင်းပန်ပါတယ်	thaun: ban ba de
Mi perdoni!	ခွင့်လွှတ်ပါ	khwin. hlu' pa
perdonare (vt)	ခွင့်လွှတ်သည်	khwin. hlu' te
Non fa niente	ကိစ္စမရှိပါဘူး	kei. sa ma. shi. ba bu:
per favore	ကျေးဇူးပြု၍	kjei: zu: pju. i.
Non dimentichi!	မမေ့ပါနဲ့	ma. mei. ba ne.
Certamente!	ရတာပေ့ါ	ja. da bo.
Certamente no!	မဟုတ်တာသေချာတယ်	ma hou' ta dhei gja de
D'accordo!	သဘောတူတယ်	dhabo: tu de
Basta!	တော်ပြီ	to bji

3. Come rivolgersi

Italiano	Birmano	Pronuncia
Mi scusi!	ခွင့်ပြုပါ	khwin. bju. ba
signore	ဦး	u:
signora	ဒေါ်	do
signorina	မိန်းကလေး	mein: ga. lei:
signore	လူငယ်	lu nge
ragazzo	ကောင်ကလေး	keaagkle:
ragazza	ကောင်မလေး	kaun ma. lei:

4. Numeri cardinali. Parte 1

Italiano	Birmano	Pronuncia
zero (m)	သုည	thoun nja.
uno	တစ်	ti'
due	နှစ်	hni'
tre	သုံး	thoun:
quattro	လေး	lei:
cinque	ငါး	nga:
sei	ခြောက်	chau'
sette	ခုနှစ်	khun hni'
otto	ရှစ်	shi'
nove	ကိုး	kou:
dieci	တစ်ဆယ်	ti' hse
undici	တစ်ဆယ့်တစ်	ti' hse. ti'
dodici	တစ်ဆယ့်နှစ်	ti' hse. hni'
tredici	တစ်ဆယ့်သုံး	ti' hse. thoun:
quattordici	တစ်ဆယ့်လေး	ti' hse. lei:
quindici	တစ်ဆယ့်ငါး	ti' hse. nga:

sedici	တစ်ဆယ့်ခြောက်	ti' hse. khau'
diciassette	တစ်ဆယ့်ခုနစ်	ti' hse. khu ni'
diciotto	တစ်ဆယ့်ရှစ်	ti' hse. shi'
diciannove	တစ်ဆယ့်ကိုး	ti' hse. gou:
venti	နှစ်ဆယ်	hni' hse
ventuno	နှစ်ဆယ့်တစ်	hni' hse. ti'
ventidue	နှစ်ဆယ့်နှစ်	hni' hse. hni'
ventitre	နှစ်ဆယ့်သုံး	hni' hse. thuan:
trenta	သုံးဆယ်	thoun: ze
trentuno	သုံးဆယ့်တစ်	thoun: ze. di'
trentadue	သုံးဆယ့်နှစ်	thoun: ze. hni'
trentatre	သုံးဆယ့်သုံး	thoun: ze. dhoun:
quaranta	လေးဆယ်	lei: hse
quarantuno	လေးဆယ့်တစ်	lei: hse. ti'
quarantadue	လေးဆယ့်နှစ်	lei: hse. hni'
quarantatre	လေးဆယ့်သုံး	lei: hse. thaun:
cinquanta	ငါးဆယ်	nga: ze
cinquantuno	ငါးဆယ့်တစ်	nga: ze di'
cinquantadue	ငါးဆယ့်နှစ်	nga: ze hni'
cinquantatre	ငါးဆယ့်သုံး	nga: ze dhoun:
sessanta	ခြောက်ဆယ်	chau' hse
sessantuno	ခြောက်ဆယ်တစ်	chau' hse. di'
sessantadue	ခြောက်ဆယ်နှစ်	chau' hse. hni'
sessantatre	ခြောက်ဆယ့်သုံး	chau' hse. dhoun:
settanta	ခုနစ်ဆယ်	khun hni' hse.
settantuno	ခုနစ်ဆယ့်တစ်	qunxcy•tx
settantadue	ခုနစ်ဆယ့်နှစ်	khun hni' hse. hni
settantatre	ခုနစ်ဆယ့်သုံး	khu. ni' hse. dhoun:
ottanta	ရှစ်ဆယ်	shi' hse
ottantuno	ရှစ်ဆယ့်တစ်	shi' hse. ti'
ottantadue	ရှစ်ဆယ့်နှစ်	shi' hse. hni'
ottantatre	ရှစ်ဆယ့်သုံး	shi' hse. dhun:
novanta	ကိုးဆယ်	kou: hse
novantuno	ကိုးဆယ့်တစ်	kou: hse. ti'
novantadue	ကိုးဆယ့်နှစ်	kou: hse. hni'
novantatre	ကိုးဆယ့်သုံး	kou: hse. dhaun:

5. Numeri cardinali. Parte 2

cento	တစ်ရာ	ti' ja
duecento	နှစ်ရာ	hni' ja
trecento	သုံးရာ	thoun: ja
quattrocento	လေးရာ	lei: ja
cinquecento	ငါးရာ	nga: ja
seicento	ခြောက်ရာ	chau' ja
settecento	ခုနစ်ရာ	khun hni' ja

ottocento	ရှစ်ရာ	shi' ja
novecento	ကိုးရာ	kou: ja
mille	တစ်ထောင်	ti' htaun
duemila	နှစ်ထောင်	hni' taun
tremila	သုံးထောင်	thoun: daun
diecimila	တစ်သောင်း	ti' thaun:
centomila	တစ်သိန်း	ti' thein:
milione (m)	တစ်သန်း	ti' than:
miliardo (m)	ဘီလီယံ	bi li jan

6. Numeri ordinali

primo	ပထမ	pahtama.
secondo	ဒုတိယ	du. di. ja.
terzo	တတိယ	tati. ja.
quarto	စတုတ္ထ	zadou' hta.
quinto	ပဉ္စမ	pjin sama.
sesto	ဆဌမ	hsa. htama.
settimo	သတ္တမ	tha' tama.
ottavo	အဌမ	a' htama.
nono	နဝမ	na. wa. ma.
decimo	ဒသမ	da dha ma

7. Numeri. Frazioni

frazione (f)	အပိုင်းကိန်း	apain: gein:
un mezzo	နှစ်ပိုင်းတစ်ပိုင်း	hni' bain: di' bain:
un terzo	သုံးပိုင်းတစ်ပိုင်း	thoun: bain: di' bain:
un quarto	လေးပိုင်းတစ်ပိုင်း	lei: bain: ti' pain:
un ottavo	ရှစ်ပိုင်းတစ်ပိုင်း	shi' bain: di' bain:
un decimo	ဆယ်ပိုင်းတစ်ပိုင်း	hse bain: da' bain:
due terzi	သုံးပိုင်းနှစ်ပိုင်း	thoun: bain: hni' bain:
tre quarti	လေးပိုင်းသုံးပိုင်း	lei: bain: dhoun: bain:

8. Numeri. Operazioni aritmetiche di base

sottrazione (f)	နုတ်ခြင်း	nou' khjin:
sottrarre (vt)	နုတ်သည်	nou' te
divisione (f)	စားခြင်း	sa: gjin:
dividere (vt)	စားသည်	sa: de
addizione (f)	ပေါင်းခြင်း	paun: gjin:
addizionare (vt)	ပေါင်းသည်	paun: de
aggiungere (vt)	ထပ်ပေါင်းသည်	hta' paun: de
moltiplicazione (f)	မြှောက်ခြင်း	hmjau' chin:
moltiplicare (vt)	မြှောက်သည်	hmjau' de

9. Numeri. Varie

cifra (f)	ကိန်းဂဏန်း	kein: ga nan:
numero (m)	ကိန်း	kein:
numerale (m)	ဂဏန်းအက္ခရာ	ganan: e' kha ja
meno (m)	အနုတ်	ahnou'
più (m)	အပေါင်း	apaun:
formula (f)	ပုံသေနည်း	poun dhei ne:
calcolo (m)	တွက်ချက်ခြင်း	twe' che' chin:
contare (vt)	ရေတွက်သည်	jei dwe' te
calcolare (vt)	ရေတွက်သည်	jei dwe' te
comparare (vt)	နှိုင်းယှဉ်သည်	hnain: shin de
Quanto? Quanti?	ဘယ်လောက်လဲ	be lau' le:
somma (f)	ပေါင်းလဒ်	paun: la'
risultato (m)	ရလဒ်	jala'
resto (m)	အကြွင်း	akjwin:
qualche ...	အချို့	achou.
un po' di ...	အနည်းငယ်	ane: nge
alcuni, pochi (non molti)	အနည်းငယ်	ane: nge
poco (non molto)	အနည်းငယ်	ane: nge
resto (m)	ကျန်သော	kjan de.
uno e mezzo	တစ်ခုခွဲ	ti' khu. khwe:
dozzina (f)	ဒါဇင်	da zin
in due	တစ်ဝက်စီ	ti' we' si
in parti uguali	ညီတူညီမျှ	nji du nji hmja.
metà (f), mezzo (m)	တစ်ဝက်	ti' we'
volta (f)	ကြိမ်	kjein

10. I verbi più importanti. Parte 1

accorgersi (vr)	သတိထားမိသည်	dhadi. da: mi. de
afferrare (vt)	ဖမ်းသည်	hpan: de
affittare (dare in affitto)	ငှားသည်	hnga: de
aiutare (vt)	ကူညီသည်	ku nji de
amare (qn)	ချစ်သည်	chi' te
andare (camminare)	သွားသည်	thwa: de
annotare (vt)	ရေးထားသည်	jei: da: de
appartenere (vi)	ပိုင်ဆိုင်သည်	pain zain de
aprire (vt)	ဖွင့်သည်	hpwin. de
arrivare (vi)	ရောက်သည်	jau' te
aspettare (vt)	စောင့်သည်	saun. de
avere (vt)	ရှိသည်	shi. de
avere fame	ဗိုက်ဆာသည်	bai' hsa de
avere fretta	လောသည်	lo de
avere paura	ကြောက်သည်	kjau' te
avere sete	ရေဆာသည်	jei za de

avvertire (vt)	သတိပေးသည်	dhadi. pei: de
cacciare (vt)	အမဲလိုက်သည်	ame: lai' de
cadere (vi)	ကျဆင်းသည်	kja zin: de
cambiare (vt)	ပြောင်းလဲသည်	pjaun: le: de
capire (vt)	နားလည်သည်	na: le de
cenare (vi)	ညစာစားသည်	nja. za za: de
cercare (vt)	ရှာသည်	sha de
cessare (vt)	ရပ်သည်	ja' te
chiedere (~ aiuto)	ခေါ်သည်	kho de
chiedere (domandare)	မေးသည်	mei: de
cominciare (vt)	စတင်သည်	sa. tin de
comparare (vt)	နှိုင်းယှဉ်သည်	hnain: shin de
confondere (vt)	ရောထွေးသည်	jo: dwei: de
conoscere (qn)	သိသည်	thi. de
conservare (vt)	ထိန်းထားသည်	htein: da: de
consigliare (vt)	အကြံပေးသည်	akjan bei: de
contare (calcolare)	ရေတွက်သည်	jei dwe' te
contare su ...	အားကိုးသည်	a: kou: de
continuare (vt)	ဆက်လုပ်သည်	hse' lou' te
controllare (vt)	ထိန်းချုပ်သည်	htein: gjou' te
correre (vi)	ပြေးသည်	pjei: de
costare (vt)	ကုန်ကျသည်	koun kja de
creare (vt)	ဖန်တီးသည်	hpan di: de
cucinare (vi)	ချက်ပြုတ်သည်	che' pjou' te

11. I verbi più importanti. Parte 2

dare (vt)	ပေးသည်	pei: de
dare un suggerimento	အရိပ်အမြွက်ပေးသည်	aji' ajmwe' pei: de
decorare (adornare)	အလှဆင်သည်	ahla. zin dhe
difendere (~ un paese)	ကာကွယ်သည်	ka gwe de
dimenticare (vt)	မေ့သည်	mei. de
dire (~ la verità)	ပြောသည်	pjo: de
dirigere (compagnia, ecc.)	ညွှန်ကြားသည်	hnjun gja: de
discutere (vt)	ဆွေးနွေးသည်	hswe: nwe: de
domandare (vt)	တောင်းဆိုသည်	taun: hsou: de
dubitare (vi)	သံသယဖြစ်သည်	than thaja. bji' te
entrare (vi)	ဝင်သည်	win de
esigere (vt)	တိုက်တွန်းသည်	tai' tun: de
esistere (vi)	တည်ရှိသည်	ti shi. de
essere (~ a dieta)	ဖြစ်နေသည်	hpji' nei de
essere (~ un insegnante)	ဖြစ်သည်	hpji' te
essere d'accordo	သဘောတူသည်	dhabo: tu de
fare (vt)	ပြုလုပ်သည်	pju. lou' te
fare colazione	နံနက်စာစားသည်	nan ne' za za: de
fare il bagno	ရေကူးသည်	jei ku: de
fermarsi (vr)	ရပ်သည်	ja' te

fidarsi (vr)	ယုံကြည်သည်	joun kji de
finire (vt)	ပြီးသည်	pji: de
firmare (~ un documento)	လက်မှတ်ထိုးသည်	le' hma' htou: de

giocare (vi)	ကစားသည်	gaza: de
girare (~ a destra)	ကွေ့သည်	kwei. de
gridare (vi)	အော်သည်	o de
indovinare (vt)	မှန်းဆသည်	hman za de
informare (vt)	အကြောင်းကြားသည်	akjaun: kja: de

ingannare (vt)	လိမ်ပြောသည်	lain bjo: de
insistere (vi)	တိုက်တွန်းပြောဆိုသည်	tou' tun: bjo: zou de
insultare (vt)	စော်ကားသည်	so ga: de
interessarsi di ...	စိတ်ဝင်စားသည်	sei' win za: de
invitare (vt)	ဖိတ်သည်	hpi' de

lamentarsi (vr)	တိုင်ပြောသည်	tain bjo: de
lasciar cadere	ဖြုတ်ချသည်	hpjou' cha. de
lavorare (vi)	အလုပ်လုပ်သည်	alou' lou' te
leggere (vi, vt)	ဖတ်သည်	hpa' te
liberare (vt)	လွတ်မြောက်စေသည်	lu' mjau' sei de

12. I verbi più importanti. Parte 3

mancare le lezioni	ပျက်ကွက်သည်	pje' kwe' te
mandare (vt)	ပို့သည်	pou. de
menzionare (vt)	ဖော်ပြသည်	hpjo bja. de
minacciare (vt)	ခြိမ်းခြောက်သည်	chein: gjau' te
mostrare (vt)	ပြသည်	pja. de

nascondere (vt)	ဖုံးကွယ်သည်	hpoun: gwe de
nuotare (vi)	ရေကူးသည်	jei ku: de
obiettare (vt)	ငြင်းသည်	njin: de
occorrere (vimp)	အလိုရှိသည်	alou' shi. de
ordinare (~ il pranzo)	မှာသည်	hma de

ordinare (mil.)	အမိန့်ပေးသည်	amin. bei: de
osservare (vt)	စောင့်ကြည့်သည်	saun. gji. de
pagare (vi, vt)	ပေးချေသည်	pei: gjei de
parlare (vi, vt)	ပြောသည်	pjo: de
partecipare (vi)	ပါဝင်သည်	pa win de

pensare (vi, vt)	ထင်သည်	htin de
perdonare (vt)	ခွင့်လွှတ်သည်	khwin. hlu' te
permettere (vt)	ခွင့်ပြုသည်	khwin bju. de
piacere (vi)	ကြိုက်သည်	kjai' de
piangere (vi)	ငိုသည်	ngou de

pianificare (vt)	စီစဉ်သည်	si zin de
possedere (vt)	ပိုင်ဆိုင်သည်	pain zain de
potere (v aus)	တတ်နိုင်သည်	ta' nain de
pranzare (vi)	နေ့လယ်စာစားသည်	nei. le za za de
preferire (vt)	ပို၍ကြိုက်သည်	pou gjai' te
pregare (vi, vt)	ရှိခိုးသည်	shi. gou: de

prendere (vt)	ယူသည်	ju de
prevedere (vt)	ကြိုမြင်သည်	kjou mjin de
promettere (vt)	ကတိပေးသည်	gadi pei: de
pronunciare (vt)	အသံထွက်သည်	athan dwe' te
proporre (vt)	အဆိုပြုသည်	ahsou bju. de
punire (vt)	အပြစ်ပေးသည်	apja' pei: de
raccomandare (vt)	အကြံပြုထောက်ခံသည်	akjan pju htau' khan de
ridere (vi)	ရယ်သည်	je de
rifiutarsi (vr)	ငြင်းဆန်သည်	njin: zan de
rincrescere (vi)	နောင်တရသည်	naun da. ja. de
ripetere (ridire)	ထပ်လုပ်သည်	hta' lou' te
riservare (vt)	မှာသည်	hma de
rispondere (vi, vt)	ဖြေသည်	hpjei de
rompere (spaccare)	ချက်ဆီးသည်	hpje' hsi: de
rubare (~ i soldi)	နိုးသည်	khou: de

13. I verbi più importanti. Parte 4

salvare (~ la vita a qn)	ကယ်ဆယ်သည်	ke ze de
sapere (vt)	သိသည်	thi. de
sbagliare (vi)	မှားသည်	hma: de
scavare (vt)	တူးသည်	tu: de
scegliere (vt)	ရွေးသည်	jwei: de
scendere (vi)	ဆင်းသည်	hsin: de
scherzare (vi)	စနောက်သည်	sanau' te
scrivere (vt)	ရေးသည်	jei: de
scusare (vt)	ခွင့်လွှတ်သည်	khwin. hlu' te
scusarsi (vr)	တောင်းပန်သည်	thaun: ban de
sedersi (vr)	ထိုင်သည်	htain de
seguire (vt)	လိုက်သည်	lai' te
sgridare (vt)	ဆူသည်	hsu. de
significare (vt)	ဆိုလိုသည်	hsou lou de
sorridere (vi)	ပြုံးသည်	pjoun: de
sottovalutare (vt)	လျော့တွက်သည်	sho. dwe' de
sparare (vi)	ပစ်သည်	pi' te
sperare (vi, vt)	မျှော်လင့်သည်	hmjo. lin. de
spiegare (vt)	ရှင်းပြသည်	shin: bja. de
studiare (vt)	သင်ယူလေ့လာသည်	thin ju lei. la de
stupirsi (vr)	အံ့သြသည်	an. o. de
tacere (vi)	နှုတ်ဆိတ်သည်	hnou' hsei' te
tentare (vt)	စမ်းကြည့်သည်	san: kji. de
toccare (~ con le mani)	ကိုင်သည်	kain de
tradurre (vt)	ဘာသာပြန်သည်	ba dha bjan de
trovare (vt)	ရှာတွေ့သည်	sha dwei. de
uccidere (vt)	သတ်သည်	tha' te
udire (percepire suoni)	ကြားသည်	ka: de
unire (vt)	ပေါင်းစည်းသည်	paun: ze: de

uscire (vi)	ထွက်သည်	htwe' te
vantarsi (vr)	ကြွားသည်	kjwa: de
vedere (vt)	မြင်သည်	mjin de
vendere (vt)	ရောင်းသည်	jaun: de
volare (vi)	ပျံသန်းသည်	pjan dan: de
volere (desiderare)	လိုချင်သည်	lou gjin de

14. Colori

colore (m)	အရောင်	ajaun
sfumatura (f)	အသွေးအဆင်း	athwei: ahsin:
tono (m)	အရောင်အသွေး	ajaun athwei:
arcobaleno (m)	သက်တံ့	the' tan
bianco (agg)	အဖြူရောင်	ahpju jaun
nero (agg)	အနက်ရောင်	ane' jaun
grigio (agg)	ခဲရောင်	khe: jaun
verde (agg)	အစိမ်းရောင်	asain: jaun
giallo (agg)	အဝါရောင်	awa jaun
rosso (agg)	အနီရောင်	ani jaun
blu (agg)	အပြာရောင်	apja jaun
azzurro (agg)	အပြာနုရောင်	apja nu. jaun
rosa (agg)	ပန်းရောင်	pan: jaun
arancione (agg)	လိမ္မော်ရောင်	limmo jaun
violetto (agg)	ခရမ်းရောင်	khajan: jaun
marrone (agg)	အညိုရောင်	anjou jaun
d'oro (agg)	ရွှေရောင်	shwei jaun
argenteo (agg)	ငွေရောင်	ngwei jaun
beige (agg)	ဝါညိုနုရောင်	wa njou nu. jaun
color crema (agg)	နို့နှစ်ရောင်	nou. hni' jaun
turchese (agg)	စိမ်းပြာရောင်	sein: bja jaun
rosso ciliegia (agg)	ချယ်ရီရောင်	che ji jaun
lilla (agg)	ခရမ်းဖျော့ရောင်	khajan: bjo. jaun
rosso lampone (agg)	ကြက်သွေးရောင်	kje' thwei: jaun
chiaro (agg)	အရောင်ဖျော့သော	ajaun bjo. de.
scuro (agg)	အရောင်ရင့်သော	ajaun jin. de.
vivo, vivido (agg)	တောက်ပသော	tau' pa. de.
colorato (agg)	အရောင်ရှိသော	ajaun shi. de.
a colori	ရောင်စုံ	jau' soun
bianco e nero (agg)	အဖြူအမည်း	ahpju ame:
in tinta unita	တစ်ရောင်တည်းရှိသော	ti' jaun te: shi. de.
multicolore (agg)	အရောင်စုံသော	ajaun zoun de.

15. Domande

Chi?	ဘယ်သူလဲ	be dhu le:
Che cosa?	ဘာလဲ	ba le:

Dove? (in che luogo?)	ဘယ်မှာလဲ	be hma le:
Dove? (~ vai?)	ဘယ်ကိုလဲ	be gou le:
Di dove?, Da dove?	ဘယ်ကလဲ	be ga. le:
Quando?	ဘယ်တော့လဲ	be do. le:
Perché? (per quale scopo?)	ဘာအတွက်လဲ	ba atwe' le:
Perché? (per quale ragione?)	ဘာကြောင့်လဲ	ba gjaun. le:
Per che cosa?	ဘာအတွက်လဲ	ba atwe' le:
Come?	ဘယ်လိုလဲ	be lau le:
Che? (~ colore è?)	ဘယ်လိုမျိုးလဲ	be lau mjou: le:
Quale?	ဘယ်ဟာလဲ	be ha le:
A chi?	ဘယ်သူ့ကိုလဲ	be dhu. gou le:
Di chi?	ဘယ်သူ့အကြောင်းလဲ	be dhu. kjaun: le:
Di che cosa?	ဘာအကြောင်းလဲ	ba akjain: le:
Con chi?	ဘယ်သူ့နဲ့လဲ	be dhu ne. le:
Quanti?, Quanto?	ဘယ်လောက်လဲ	be lau' le:
Di chi?	ဘယ်သူ့	be dhu.

16. Preposizioni

con (tè ~ il latte)	နဲ့အတူ	ne. atu
senza	မပါဘဲ	ma. ba be:
a (andare ~ ...)	သို့	thou.
di (parlare ~ ...)	အကြောင်း	akjaun:
prima di ...	မတိုင်မီ	ma. dain mi
di fronte a ...	ရှေ့မှာ	shei. hma
sotto (avv)	အောက်မှာ	au' hma
sopra (al di ~)	အပေါ်မှာ	apo hma
su (sul tavolo, ecc.)	အပေါ်	apo
da, di (via da ..., fuori di ...)	မှ	hma.
di (fatto ~ cartone)	ဖြင့်	hpjin.
fra (~ dieci minuti)	နောက်	nau'
attraverso (dall'altra parte)	ဖြတ်လျက်	hpja' lje'

17. Parole grammaticali. Avverbi. Parte 1

Dove?	ဘယ်မှာလဲ	be hma le:
qui (in questo luogo)	ဒီမှာ	di hma
lì (in quel luogo)	ဟိုမှာ	hou hma.
da qualche parte (essere ~)	တစ်နေရာရာမှာ	ti' nei ja ja hma
da nessuna parte	ဘယ်မှာမှ	be hma hma.
vicino a ...	နားမှာ	na: hma
vicino alla finestra	ပြတင်းပေါက်နားမှာ	badin: pau' hna: hma
Dove?	ဘယ်ကိုလဲ	be gou le:
qui (vieni ~)	ဒီဘက်ကို	di be' kou

ci (~ vado stasera)	ဟိုဘက်ကို	hou be' kou
da qui	ဒီဘက်မှ	di be' hma
da lì	ဟိုဘက်မှ	hou be' hma.
vicino, accanto (avv)	နီးသည်	ni: de
lontano (avv)	အဝေးမှာ	awei: hma
vicino (~ a Parigi)	နားမှာ	na: hma
vicino (qui ~)	ဘေးမှာ	bei: hma
non lontano	မနီးမဝေး	ma. ni ma. wei:
sinistro (agg)	ဘယ်	be
a sinistra (rimanere ~)	ဘယ်ဘက်မှာ	be be' hma
a sinistra (girare ~)	ဘယ်ဘက်	be be'
destro (agg)	ညာဘက်	nja be'
a destra (rimanere ~)	ညာဘက်မှာ	nja be' hma
a destra (girare ~)	ညာဘက်	nja be'
davanti	ရှေ့မှာ	shei. hma
anteriore (agg)	ရှေ့	shei.
avanti	ရှေ့	shei.
dietro (avv)	နောက်မှာ	nau' hma
da dietro	နောက်က	nau' ka.
indietro	နောက်	nau'
mezzo (m), centro (m)	အလယ်	ale
in mezzo, al centro	အလယ်မှာ	ale hma
di fianco	ဘေးမှာ	bei: hma
dappertutto	နေရာတိုင်းမှာ	nei ja dain: hma
attorno	ပတ်လည်မှာ	pa' le hma
da dentro	အထဲမှ	a hte: hma.
da qualche parte (andare ~)	တစ်နေရာရာကို	ti' nei ja ja gou
dritto (direttamente)	တိုက်ရိုက်	tai' jai'
indietro	အပြန်	apjan
da qualsiasi parte	တစ်နေရာရာမှ	ti' nei ja ja hma.
da qualche posto (veniamo ~)	တစ်နေရာရာမှ	ti' nei ja ja hma.
in primo luogo	ပထမအနေဖြင့်	pahtama. anei gjin.
in secondo luogo	ဒုတိယအနေဖြင့်	du. di. ja. anei bjin.
in terzo luogo	တတိယအနေဖြင့်	tati. ja. anei bjin.
all'improvviso	မတော်တဆ	ma. do da. za.
all'inizio	အစမှာ	asa. hma
per la prima volta	ပထမဆုံး	pahtama. zoun:
molto tempo prima di...	မတိုင်ခင် အတော်လေး အလိုက	ma. dain gin ato lei: alou ga.
di nuovo	အသစ်တဖန်	athi' da. ban
per sempre	အမြဲတမ်း	amje: dan:
mai	ဘယ်တော့မှ	be do hma.
ancora	တဖန်	tahpan

adesso	အခုတော့	akhu dau.
spesso (avv)	ခဏခဏ	khana. khana.
allora	ထိုသို့ဖြစ်လျှင်	htou dhou. bji' shin
urgentemente	အမြန်	aman
di solito	ပုံမှန်	poun hman
a proposito, …	စကားမစပ်	zaga: ma. za'
è possibile	ဖြင်နိုင်သည်	hpjin nain de
probabilmente	ဖြစ်နိုင်သည်	hpji' nein de
forse	ဖြစ်နိုင်သည်	hpji' nein de
inoltre …	ဒါ့အပြင်	da. apjin
ecco perché …	ဒါကြောင့်	da gjaun.
nonostante (~ tutto)	သော်လည်း	tho lei:
grazie a …	ကြောင့်	kjaun.
che cosa (pron)	ဘာ	ba
che (cong)	ဟု	hu
qualcosa (qualsiasi cosa)	တစ်ခုခု	ti' khu. gu.
qualcosa (le serve ~?)	တစ်ခုခု	ti' khu. gu.
niente	ဘာမှ	ba hma.
chi (pron)	ဘယ်သူ	be dhu.
qualcuno (annuire a ~)	တစ်ယောက်ယောက်	ti' jau' jau'
qualcuno (dipendere da ~)	တစ်ယောက်ယောက်	ti' jau' jau'
nessuno	ဘယ်သူမှ	be dhu hma.
da nessuna parte	ဘယ်ကိုမှ	be gou hma.
di nessuno	ဘယ်သူမှမပိုင်သော	be dhu hma ma. bain de.
di qualcuno	တစ်ယောက်ယောက်ရဲ့	ti' jau' jau' je.
così (era ~ arrabbiato)	ဒီလို	di lou
anche (penso ~ a …)	ထို့ပြင်လည်း	htou. bjin le:
anche, pure	လည်းဘဲ	le: be:

18. Parole grammaticali. Avverbi. Parte 2

Perché?	ဘာကြောင့်လဲ	ba gjaun. le:
per qualche ragione	တစ်စုံရခြောင့်	ti' khu. gu. gjaun.
perché …	အဘယ်ကြောင့်ဆိုသော်	abe gjo:n. zou dho
per qualche motivo	တစ်စုံရအတွက်	ti' khu. gu. atwe'
e (cong)	နှင့်	hnin.
o (sì ~ no?)	သို့မဟုတ်	thou. ma. hou'
ma (però)	ဒါပေမဲ့	da bei me.
per (~ me)	အတွက်	atwe'
troppo	အလွန်	alun
solo (avv)	သာ	tha
esattamente	အတိအကျ	ati. akja.
circa (~ 10 dollari)	ခန့်	khan.
approssimativamente	ခန့်မှန်းခြေအားဖြင့်	khan hman: gjei a: bjin.
approssimativo (agg)	ခန့်မှန်းခြေဖြစ်သော	khan hman: gjei bji' te.
quasi	နီးပါး	ni: ba:

resto	ကျန်သော	kjan de.
l'altro (~ libro)	တခြားသော	tacha: de.
altro (differente)	အခြားသော	apja: de.
ogni (agg)	တိုင်း	tain:
qualsiasi (agg)	မဆို	ma. zou
molti	အမြောက်အများ	amjau' amja:
molto (avv)	အများကြီး	amja: gji:
molta gente	များစွာသော	mja: zwa de.
tutto, tutti	အားလုံး	a: loun:
in cambio di ...	အစား	asa:
in cambio	အစား	asa:
a mano (fatto ~)	လက်ဖြင့်	le' hpjin.
poco probabile	ဖြစ်နိုင်ခြေ နည်းသည်	hpji' nain gjei ni: de
probabilmente	ဖြစ်နိုင်သည်	hpji' nein de
apposta	တမင်	tamin
per caso	အမှတ်တမဲ့	ahma' ta. me.
molto (avv)	သိပ်	thei'
per esempio	ဥပမာအားဖြင့်	upama a: bjin.
fra (~ due)	ကြား	kja:
fra (~ più di due)	ကြားထဲတွင်	ka: de: dwin:
tanto (quantità)	ဒီလောက်	di lau'
soprattutto	အထူးသဖြင့်	a htu: dha. hjin.

Concetti di base. Parte 2

19. Giorni della settimana

lunedì (m)	တနလၤာ	tanin: la
martedì (m)	အဂၤါ	in ga
mercoledì (m)	ဗုဒၶဟူး	bou' da. hu:
giovedì (m)	ကြာသပတေး	kja dha ba. dei:
venerdì (m)	သောကြာ	thau' kja
sabato (m)	စနေ	sanei
domenica (f)	တနဂၤေႏြ	tanin: ganwei
oggi (avv)	ယနေႛ	ja. nei.
domani	မနက္ျဖန္	mane' bjan
dopodomani	သဘက္ခါ	dhabe' kha
ieri (avv)	မေနႛက	ma. nei. ka.
l'altro ieri	တေနႛက	ta. nei. ga.
giorno (m)	နေႛ	nei.
giorno (m) lavorativo	ရံုးဖြင့္ရက္	joun: hpwin je'
giorno (m) festivo	ပြဲေတာ္ရက္	pwe: do je'
giorno (m) di riposo	ရံုးပိတ္ရက္	joun: bei' je'
fine (m) settimana	ရံုးပိတ္ရက္မ်ား	joun: hpwin je' mja:
tutto il giorno	တေနႛလံုး	ta. nei. loun:
l'indomani	ေနာက္ေနႛ	nau' nei.
due giorni fa	လြန္ခဲ့ေသာ နစ္ရက္က	lun ge: de. hni' ja' ka.
il giorno prima	အၾကိဳေနႛမွာ	akjou nei. hma
quotidiano (agg)	ေနႛစဥ္	nei. zin
ogni giorno	ေနႛတိုင္း	nei dain:
settimana (f)	ရက္သတၱပတ္	je' tha' daba'
la settimana scorsa	ျပီးခဲ့တဲ့အပတ္က	pji: ge. de. apa' ka.
la settimana prossima	လာမယ့္အပတ္မွာ	la. me. apa' hma
settimanale (agg)	အပတ္စဥ္	apa' sin
ogni settimana	အပတ္စဥ္	apa' sin
due volte alla settimana	တစ္ပတ္ နစ္ၾကိမ္	ti' pa' hni' kjein
ogni martedì	အဂၤါေနႛတိုင္း	in ga nei. dain:

20. Ore. Giorno e notte

mattina (f)	နံနက္ခင္း	nan ne' gin:
di mattina	နံနက္ခင္းမွာ	nan ne' gin: hma
mezzogiorno (m)	မြန္းတည့္	mun: de.
nel pomeriggio	ေနႛလယ္စာစားျပီးေနာက္	nei. le za za: gjein bji: nau'
sera (f)	ညေနခင္း	nja. nei gin:
di sera	ညေနခင္းမွာ	nja. nei gin: hma

notte (f)	ည	nja
di notte	ညမှာ	nja hma
mezzanotte (f)	သန်းခေါင်ယံ	than: gaun jan
secondo (m)	စက္ကန့်	se' kan.
minuto (m)	မိနစ်	mi. ni'
ora (f)	နာရီ	na ji
mezzora (f)	နာရီဝက်	na ji we'
un quarto d'ora	ဆယ့်ငါးမိနစ်	hse. nga: mi. ni'
quindici minuti	၁၅ မိနစ်	ta' hse. nga: mi ni'
ventiquattro ore	နှစ်ဆယ့်လေးနာရီ	hni' hse lei: na ji
levata (f) del sole	နေထွက်ချိန်	nei dwe' gjein
alba (f)	အာရုဏ်ဦး	a joun u:
mattutino (m)	နံနက်စောစော	nan ne' so: zo:
tramonto (m)	နေဝင်ချိန်	nei win gjein
di buon mattino	နံနက်အစောပိုင်း	nan ne' aso: bain:
stamattina	ယနေ့နံနက်	ja. nei. nan ne'
domattina	မနက်ဖြန်နံနက်	mane' bjan nan ne'
oggi pomeriggio	ယနေ့နေ့လယ်	ja. nei. nei. le
nel pomeriggio	နေ့လယ်စာစားချိန်ပြီးနောက်	nei. le za za: gjein bji: nau'
domani pomeriggio	မနက်ဖြန်မွန်းလွဲပိုင်း	mane' bjan mun. lwe: bain:
stasera	ယနေ့သာနေ	ja. nei. nja. nei
domani sera	မနက်ဖြန်သာနေ	mane' bjan nja. nei
alle tre precise	၃ နာရီတွင်	thoun: na ji dwin
verso le quattro	၄ နာရီခန့်တွင်	lei: na ji khan dwin
per le dodici	၁၂ နာရီအရောက်	hse. hni' na ji ajau'
fra venti minuti	နောက် မိနစ် ၂၀ မှာ	nau' mi. ni' hni' se hma
fra un'ora	နောက်တစ်နာရီမှာ	nau' ti' na ji hma
puntualmente	အချိန်ကိုက်	achein kai'
un quarto di ...	မတ်တင်း	ma' tin:
entro un'ora	တစ်နာရီအတွင်း	ti' na ji atwin:
ogni quindici minuti	၁၅ မိနစ်တိုင်း	ta' hse. nga: mi ni' htain:
giorno e notte	၂၄ နာရီလုံး	hna' hse. lei: na ji

21. Mesi. Stagioni

gennaio (m)	ဇန်နဝါရီလ	zan na. wa ji la.
febbraio (m)	ဖေဖော်ဝါရီလ	hpei bo wa ji la
marzo (m)	မတ်လ	ma' la.
aprile (m)	ဧပြီလ	ei bji la.
maggio (m)	မေလ	mei la.
giugno (m)	ဇွန်လ	zun la.
luglio (m)	ဇူလိုင်လ	zu lain la.
agosto (m)	ဩဂုတ်လ	o: gou' la.
settembre (m)	စက်တင်ဘာလ	sa' htin ba la.
ottobre (m)	အောက်တိုဘာလ	au' tou ba la

novembre (m)	နိုဝင်ဘာလ	nou win ba la.
dicembre (m)	ဒီဇင်ဘာလ	di zin ba la.
primavera (f)	နွေဦးရာသီ	nwei: u: ja dhi
in primavera	နွေဦးရာသီမှာ	nwei: u: ja dhi hma
primaverile (agg)	နွေဦးရာသီနှင့်ဆိုင်သော	nwei: u: ja dhi hnin. zain de.
estate (f)	နွေရာသီ	nwei: ja dhi
in estate	နွေရာသီမှာ	nwei: ja dhi hma
estivo (agg)	နွေရာသီနှင့်ဆိုင်သော	nwei: ja dhi hnin. zain de.
autunno (m)	ဆောင်းဦးရာသီ	hsaun: u: ja dhi
in autunno	ဆောင်းဦးရာသီမှာ	hsaun: u: ja dhi hma
autunnale (agg)	ဆောင်းဦးရာသီနှင့်ဆိုင်သော	hsaun: u: ja dhi hnin. zain de.
inverno (m)	ဆောင်းရာသီ	hsaun: ja dhi
in inverno	ဆောင်းရာသီမှာ	hsaun: ja dhi hma
invernale (agg)	ဆောင်းရာသီနှင့်ဆိုင်သော	hsaun: ja dhi hnin. zain de.
mese (m)	လ	la.
questo mese	ဒီလ	di la.
il mese prossimo	နောက်လ	nau' la
il mese scorso	ယခင်လ	jakhin la.
un mese fa	ပြီးခဲ့တဲ့တစ်လကျော်	pji: ge. de. di' la. gjo
fra un mese	နောက်တစ်လကျော်	nau' ti' la. gjo
fra due mesi	နောက်နှစ်လကျော်	nau' hni' la. gjo
un mese intero	တစ်လလုံး	ti' la. loun:
per tutto il mese	တစ်လလုံး	ti' la. loun:
mensile (rivista ~)	လစဉ်	la. zin
mensilmente	လစဉ်	la. zin
ogni mese	လတိုင်း	la. dain:
due volte al mese	တစ်လနှစ်ကြိမ်	ti' la. hni' kjein:
anno (m)	နှစ်	hni'
quest'anno	ဒီနှစ်မှာ	di hna' hma
l'anno prossimo	နောက်နှစ်မှာ	nau' hni' hnma
l'anno scorso	ယခင်နှစ်မှာ	jakhin hni' hma
un anno fa	ပြီးခဲ့တဲ့တစ်နှစ်ကျော်က	pji: ge. de. di' hni' kjo ga.
fra un anno	နောက်တစ်နှစ်ကျော်	nau' ti' hni' gjo
fra due anni	နောက်နှစ်နှစ်ကျော်	nau' hni' hni' gjo
un anno intero	တစ်နှစ်လုံး	ti' hni' loun:
per tutto l'anno	တစ်နှစ်လုံး	ti' hni' loun:
ogni anno	နှစ်တိုင်း	hni' tain:
annuale (agg)	နှစ်စဉ်ဖြစ်သော	hni' san bji' te.
annualmente	နှစ်စဉ်	hni' san
quattro volte all'anno	တစ်နှစ်လေးကြိမ်	ti' hni' lei: gjein
data (f) (~ di oggi)	နေ့စွဲ	nei. zwe:
data (f) (~ di nascita)	ရက်စွဲ	je' swe:
calendario (m)	ပြက္ခဒိန်	pje' gadein
mezz'anno (m)	နှစ်ဝက်	hni' we'
semestre (m)	နှစ်ဝက်	hni' we'

stagione (f) (estate, ecc.)	ရာသီ	ja dhi
secolo (m)	ရာစု	jazu.

22. Unità di misura

peso (m)	အလေးချိန်	alei: gjein
lunghezza (f)	အရှည်	ashei
larghezza (f)	အကျယ်	akje
altezza (f)	အမြင့်	amjin.
profondità (f)	အနက်	ane'
volume (m)	ထုထည်	du. de
area (f)	အကျယ်အဝန်း	akje awun:
grammo (m)	ဂရမ်	ga ran
milligrammo (m)	မီလီဂရမ်	mi li ga. jan
chilogrammo (m)	ကီလိုဂရမ်	ki lou ga jan
tonnellata (f)	တန်	tan
libbra (f)	ပေါင်	paun
oncia (f)	အောင်စ	aun sa.
metro (m)	မီတာ	mi ta
millimetro (m)	မီလီမီတာ	mi li mi ta
centimetro (m)	စင်တီမီတာ	sin ti mi ta
chilometro (m)	ကီလိုမီတာ	ki lou mi ta
miglio (m)	မိုင်	main
pollice (m)	လက်မ	le' ma
piede (f)	ပေ	pei
iarda (f)	ကိုက်	kou'
metro (m) quadro	စတုရန်းမီတာ	satu. jan: mi ta
ettaro (m)	ဟက်တာ	he' ta
litro (m)	လီတာ	li ta
grado (m)	ဒီဂရီ	di ga ji
volt (m)	ဗို့	boi.
ampere (m)	အမ်ပီယာ	an bi ja
cavallo vapore (m)	မြင်းကောင်ရေအား	mjin: gaun jei a:
quantità (f)	အရေအတွက်	ajei adwe'
un po' di ...	နည်းနည်း	ne: ne:
metà (f)	တစ်ဝက်	ti' we'
dozzina (f)	ဒါဇင်	da zin
pezzo (m)	ခု	khu.
dimensione (f)	အတိုင်းအတာ	atain: ata
scala (f) (modello in ~)	စကေး	sakei:
minimo (agg)	အနည်းဆုံး	ane: zoun
minore (agg)	အသေးဆုံး	athei: zoun:
medio (agg)	အလယ်အလတ်	ale ala'
massimo (agg)	အများဆုံး	amja: zoun:
maggiore (agg)	အကြီးဆုံး	akji: zoun:

T&P Books. Vocabolario Italiano-Birmano per studio autodidattico - 5000 parole

23. Contenitori

barattolo (m) di vetro	ဖန်ဘူး	hpan bu:
latta, lattina (f)	သံဘူး	than bu:
secchio (m)	ရေပုံး	jei boun:
barile (m), botte (f)	စည်ပိုင်း	si bain:
catino (m)	ဇလုံ	za loun
serbatoio (m) (per liquidi)	သံစည်	than zi
fiaschetta (f)	အရက်ပုလင်းပြား	aje' pu lin: pja:
tanica (f)	ဓာတ်ဆီပုံး	da' hsi boun:
cisterna (f)	တိုင်ကီ	tain ki
tazza (f)	မတ်ခွက်	ma' khwe'
tazzina (f) (~ di caffé)	ခွက်	khwe'
piattino (m)	အောက်ခံပန်းကန်ပြား	au' khan ban: kan pja:
bicchiere (m) (senza stelo)	ဖန်ခွက်	hpan gwe'
calice (m)	ဝိုင်ခွက်	wain gwe'
casseruola (f)	ပေါင်းအိုး	paun: ou:
bottiglia (f)	ပုလင်း	palin:
collo (m) (~ della bottiglia)	ပုလင်းလည်ပင်း	palin: le bin:
caraffa (f)	ဖန်ချိုင့်	hpan gjain.
brocca (f)	ကရား	kaja:
recipiente (m)	အိုးခွက်	ou: khwe'
vaso (m) di coccio	မြေအိုး	mjei ou:
vaso (m) di fiori	ပန်းအိုး	pan: ou:
boccetta (f) (~ di profumo)	ပုလင်း	palin:
fiala (f)	ပုလင်းကလေး	palin: galei:
tubetto (m)	ဘူး	bu:
sacco (m) (~ di patate)	ဂုန်နီအိတ်	goun ni ei'
sacchetto (m) (~ di plastica)	အိတ်	ei'
pacchetto (m) (~ di sigarette, ecc.)	ဘူး	bu:
scatola (f) (~ per scarpe)	စက္ကူဘူး	se' ku bu:
cassa (f) (~ di vino, ecc.)	သေတ္တာ	thi' ta
cesta (f)	တောင်း	taun:

ESSERE UMANO

Essere umano. Il corpo umano

24. Testa

testa (f)	ခေါင်း	gaun:
viso (m)	မျက်နှာ	mje' hna
naso (m)	နာခေါင်း	hna gaun:
bocca (f)	ပါးစပ်	pa: zi'
occhio (m)	မျက်စိ	mje' si.
occhi (m pl)	မျက်စိများ	mje' si. mja:
pupilla (f)	သူငယ်အိမ်	thu nge ein
sopracciglio (m)	မျက်ခုံး	mje' khoun:
ciglio (m)	မျက်တောင်	mje' taun
palpebra (f)	မျက်ခွံ	mje' khwan
lingua (f)	လျှာ	sha
dente (m)	သွား	thwa:
labbra (f pl)	နှုတ်ခမ်း	hna' khan
zigomi (m pl)	ပါးရိုး	pa: jou:
gengiva (f)	သွားဖုံး	thwahpoun:
palato (m)	အာခေါင်	a gaun
narici (f pl)	နာခေါင်းပေါက်	hna gaun: bau'
mento (m)	မေးစေ့	mei: zei.
mascella (f)	မေးရိုး	mei: jou:
guancia (f)	ပါး	pa:
fronte (f)	နဖူး	na. hpu:
tempia (f)	နားထင်	na: din
orecchio (m)	နားရွက်	na: jwe'
nuca (f)	နောက်စေ့	nau' sei.
collo (m)	လည်ပင်း	le bin:
gola (f)	လည်ချောင်း	le gjaun:
capelli (m pl)	ဆံပင်	zabin
pettinatura (f)	ဆံပင်ပုံစံ	zabin boun zan
taglio (m)	ဆံပင်ညှပ်သည့်ပုံစံ	zabin hnja' thi. boun zan
parrucca (f)	ဆံပင်တု	zabin du
baffi (m pl)	နှုတ်ခမ်းမွေး	hnou' khan: hmwei:
barba (f)	မုတ်ဆိတ်မွေး	mou' hsei' hmwei:
portare (~ la barba, ecc.)	အရှည်ထားသည်	ashei hta: de
treccia (f)	ကျစ်ဆံမြီး	kji' zan mji:
basette (f pl)	ပါးသိုင်းမွေး	pa: dhain: hmwei:
rosso (agg)	ဆံပင်အနီရောင်ရှိသော	zabin ani jaun shi. de
brizzolato (agg)	အရောင်ဖျော့သော	ajaun bjo. de.

calvo (agg)	ထိပ်ပြောင်သော	htei' pjaun de.
calvizie (f)	ဆံပင်ကျွတ်နေသောနေရာ	zabin kju' nei dho nei ja
coda (f) di cavallo	မြင်းမြီးပုံစံဆံပင်	mjin: mji: boun zan zan bin
frangetta (f)	ဆံရစ်	hsaji'

25. Corpo umano

mano (f)	လက်	le'
braccio (m)	လက်မောင်း	le' maun:
dito (m)	လက်ချောင်း	le' chaun:
dito (m) del piede	ခြေချောင်း	chei gjaun:
pollice (m)	လက်မ	le' ma
mignolo (m)	လက်သန်း	le' than:
unghia (f)	လက်သည်းခွံ	le' the: dou' tan zin:
pugno (m)	လက်သီး	le' thi:
palmo (m)	လက်ဝါး	le' wa:
polso (m)	လက်ကောက်ဝတ်	le' kau' wa'
avambraccio (m)	လက်ဖျံ	le' hpjan
gomito (m)	တံတောင်ဆစ်	daduan zi'
spalla (f)	ပခုံး	pakhoun:
gamba (f)	ခြေထောက်	chei htau'
pianta (f) del piede	ခြေထောက်	chei htau'
ginocchio (m)	ဒူး	du:
polpaccio (m)	ခြေသလုံးကြွက်သား	chei dha. loun: gjwe' dha:
anca (f)	တင်ပါး	tin ba:
tallone (m)	ခြေဖနောင့်	chei ba. naun.
corpo (m)	ခန္ဓာကိုယ်	khan da kou
pancia (f)	ဗိုက်	bai'
petto (m)	ရင်ဘတ်	jin ba'
seno (m)	နို့	nou.
fianco (m)	နံပါး	nan ba:
schiena (f)	ကျော	kjo:
zona (f) lombare	ခါးအောက်ပိုင်း	kha: au' pain:
vita (f)	ခါး	kha:
ombelico (m)	ချက်	che'
natiche (f pl)	တင်ပါး	tin ba:
sedere (m)	နောက်ပိုင်း	nau' pain:
neo (m)	မှဲ့	hme.
voglia (f) (~ di fragola)	မွေးရာပါအမှတ်	mwei: ja ba ahma'
tatuaggio (m)	တက်တူး	te' tu:
cicatrice (f)	အမာရွတ်	ama ju'

Abbigliamento e Accessori

26. Indumenti. Soprabiti

Italiano	Burmese	Traslitterazione
vestiti (m pl)	အဝတ်အစား	awu' aza:
soprabito (m)	အပေါ်ဝတ်အင်္ကျီ	apo we' in: gji
abiti (m pl) invernali	ဆောင်းတွင်းဝတ်အဝတ်အစား	hsaun: dwin: wu' awu' asa:
cappotto (m)	ကုတ်အင်္ကျီရှည်	kou' akji shi
pelliccia (f)	သားမွေးအနွေးထည်	tha: mwei: anwei: de
pellicciotto (m)	အမွေးပွအပေါ်အင်္ကျီ	ahmwei pwa po akji
piumino (m)	ငှက်မွေးကုတ်အင်္ကျီ	hnge' hmwei: kou' akji.
giubbotto (m), giaccha (f)	အပေါ်အင်္ကျီ	apo akji.
impermeabile (m)	မိုးကာအင်္ကျီ	mou: ga akji
impermeabile (agg)	ရေလုံသော	jei loun de.

27. Men's & women's clothing

Italiano	Burmese	Traslitterazione
camicia (f)	ရှပ်အင်္ကျီ	sha' in gji
pantaloni (m pl)	ဘောင်းဘီ	baun: bi
jeans (m pl)	ဂျင်းဘောင်းဘီ	gjin: bain: bi
giacca (f) (~ di tweed)	အပေါ်အင်္ကျီ	apo akji.
abito (m) da uomo	အနောက်တိုင်းဝတ်စုံ	anau' tain: wu' saun
abito (m)	ဂါဝန်	ga wun
gonna (f)	စကတ်	saka'
camicetta (f)	ဘလောက်စ်အင်္ကျီ	ba. lau' s in: gji
giacca (f) a maglia	ကြယ်သီးပါသော အနွေးထည်	kje dhi: ba de. anwei: dhe
giacca (f) tailleur	အပေါ်ဖုံးအင်္ကျီ	apo hpoun akji.
maglietta (f)	တီရှပ်	ti shi'
pantaloni (m pl) corti	ဘောင်းဘီတို	baun: bi dou
tuta (f) sportiva	အားကစားဝတ်စုံ	a: gaza: wu' soun
accappatoio (m)	ရေချိုးခန်းဝတ်စုံ	jei gjou: gan: wu' soun
pigiama (m)	ညအိပ်ဝတ်စုံ	nja a' wu' soun
maglione (m)	ဆွယ်တာ	hswe da
pullover (m)	ဆွယ်တာ	hswe da
gilè (m)	ဝစ်ကုတ်	wi' kou'
frac (m)	တေးလိကုတ်အင်္ကျီ	tei: l kou' in: gji
smoking (m)	ညစာစားပွဲဝတ်စုံ	nja. za za: bwe: wu' soun
uniforme (f)	တူညီဝတ်စုံ	tu nji wa' soun
tuta (f) da lavoro	အလုပ်ဝင် ဝတ်စုံ	alou' win wu' zoun
salopette (f)	စက်ရှိုဝတ်စုံ	se' joun wu' soun
camice (m) (~ del dottore)	ဂျူတီကုတ်	gju di gou'

28. Abbigliamento. Biancheria intima

biancheria (f) intima	အတွင်းခံ	atwin: gan
boxer (m pl)	ယောက်ျား၀တ်အတွင်းခံ	jau' kja: wu' atwin: gan
mutandina (f)	မိန်းကလေး၀တ်အတွင်းခံ	mein: galei: wa' atwin: gan
maglietta (f) intima	စွပ်ကျယ်	su' kje
calzini (m pl)	ခြေအိတ်များ	chei ei' mja:
camicia (f) da notte	ညအိပ်ဂါ၀န်ရှည်	nja a' ga wun she
reggiseno (m)	ဘရာစီယာ	ba ra si ja
calzini (m pl) alti	ခြေအိတ်ရှည်	chei ei' shi
collant (m)	အသားကပ်ဘောင်းဘီရှည်	atha: ka' baun: bi shei
calze (f pl)	စတော့ကင်	sato. kin
costume (m) da bagno	ရေကူး၀တ်စုံ	jei ku: wa' zoun

29. Copricapo

cappello (m)	ဦးထုပ်	u: htou'
cappello (m) di feltro	ဦးထုပ်ပျော့	u: htou' pjo.
cappello (m) da baseball	ရှာဒိုးဦးထုပ်	sha dou: u: dou'
coppola (f)	လုကြီးဆောင်းဦးထုပ်ပြား	lu gji: zaun: u: dou' pja:
basco (m)	ဘယ်ဂျီဦးထုပ်	be ji u: htu'
cappuccio (m)	အင်္ကျီတွင်ပါသော ခေါင်းစွပ်	akji. twin pa dho: gaun: zu'
panama (m)	ဦးထုပ်အ၀ိုင်း	u: htou' awain:
berretto (m) a maglia	သိုးမွှေးခေါင်းစွပ်	thou: mwei: gaun: zu'
fazzoletto (m) da capo	ခေါင်းစည်းပု၀ါ	gaun: zi: bu. wa
cappellino (m) donna	အမျိုးသမီးဆောင်းဦးထုပ်	amjou: dhami: zaun: u: htou'
casco (m) (~ di sicurezza)	ဦးထုပ်အမာ	u: htou' ama
bustina (f)	တပ်မတော်သုံးဦးထုပ်	ta' mado dhoun: u: dou'
casco (m) (~ moto)	အမာစားဦးထုပ်	ama za: u: htou'
bombetta (f)	ဦးထုပ်လုံး	u: htou' loun:
cilindro (m)	ဦးထုပ်မြင့်	u: htou' mjin.

30. Calzature

calzature (f pl)	ဖိနပ်	hpana'
stivaletti (m pl)	ရှူးဖိနပ်	shu: hpi. na'
scarpe (f pl)	မိန်းကလေးစီးရှူးဖိနပ်	mein: galei: zi: shu: bi. na'
stivali (m pl)	လည်ရှည်ဖိနပ်	le she bi. na'
pantofole (f pl)	အိမ်တွင်းစီးကွင်းထိုးဖိနပ်	ein dwin:
scarpe (f pl) da tennis	အားကစားဖိနပ်	a: gaza: bana'
scarpe (f pl) da ginnastica	ပတ္တူဖိနပ်	pa' tu bi. na'
sandali (m pl)	ကြိုးသိုင်းဖိနပ်	kjou: dhain: bi. na'
calzolaio (m)	ဖိနပ်ချုပ်သမား	hpana' chou' tha ma:
tacco (m)	ဒေါက်	dau'

paio (m)	အစုံ	asoun.
laccio (m)	ဖိနပ်ကြိုး	hpana' kjou:
allacciare (vt)	ဖိနပ်ကြိုးချည်သည်	hpana' kjou: gjin de
calzascarpe (m)	ဖိနပ်ပိုးရာသွင်သုံးသည့် ဖိနပ်ကော်	hpana' si: ja dhwin dhoun: dhin. hpana' ko
lucido (m) per le scarpe	ဖိနပ်တိုက်ဆေး	hpana' tou' hsei:

31. Accessori personali

guanti (m pl)	လက်အိတ်	lei' ei'
manopole (f pl)	နှစ်ကန့်လက်အိတ်	hni' kan. le' ei'
sciarpa (f)	မာဖလာ	ma ba. la
occhiali (m pl)	မျက်မှန်	mje' hman
montatura (f)	မျက်မှန်ကိုင်း	mje' hman gain:
ombrello (m)	ထီး	hti:
bastone (m)	တုတ်ကောက်	tou' kau'
spazzola (f) per capelli	ခေါင်းဘီး	gaun: bi:
ventaglio (m)	ပန်းကန်	pan gan
cravatta (f)	လည်စည်း	le zi:
cravatta (f) a farfalla	ဖဲပြားပုံလည်စည်း	hpe: bja: boun le zi:
bretelle (f pl)	ဘောင်းဘီသိုင်းကြိုး	baun: bi dhain: gjou:
fazzoletto (m)	လက်ကိုင်ပုဝါ	le' kain bu. wa
pettine (m)	ဘီး	bi:
fermaglio (m)	ဆံညှပ်	hsan hnja'
forcina (f)	ကလစ်	kali'
fibbia (f)	ခါးပတ်ခေါင်း	kha: ba' khaun:
cintura (f)	ခါးပတ်	kha: ba'
spallina (f)	ပုခုံးသိုင်းကြိုး	pu. goun: dhain: gjou:
borsa (f)	လက်ကိုင်အိတ်	le' kain ei'
borsetta (f)	မိန်းကလေးပုခုံးလွယ်အိတ်	mein: galei: bou goun: lwe ei'
zaino (m)	ကျောပိုးအိတ်	kjo: bou: ei'

32. Abbigliamento. Varie

moda (f)	ဖက်ရှင်	hpe' shin
di moda	ခေတ်မီသော	khi' mi de.
stilista (m)	ဖက်ရှင်ဒီဇိုင်နာ	hpe' shin di zain na
collo (m)	အကျီကော်လာ	akji. ko la
tasca (f)	အိတ်ကပ်	ei' ka'
tascabile (agg)	အိတ်ဆောင်	ei' hsaun
manica (f)	အကျီလက်	akji. le'
asola (f) per appendere	အကျီချိတ်ကွင်း	akji. gjei' kwin:
patta (f) (~ dei pantaloni)	ဘောင်းဘီလျှာဆက်	baun: bi ja ze'
cerniera (f) lampo	ဇစ်	zi'
chiusura (f)	ချိတ်စရာ	che' zaja

Italiano	Birmano	Pronuncia
bottone (m)	ကြယ်သီး	kje dhi:
occhiello (m)	ကြယ်သီးပေါက်	kje dhi: bau'
staccarsi (un bottone)	ပြုတ်ထွက်သည်	pjou' htwe' te

cucire (vi, vt)	စက်ချုပ်သည်	se' khjou' te
ricamare (vi, vt)	ပန်းထိုးသည်	pan: dou: de
ricamo (m)	ပန်းထိုးခြင်း	pan: dou: gjin:
ago (m)	အပ်	a'
filo (m)	အပ်ချည်	a' chi
cucitura (f)	ချုပ်ရိုး	chou' jou:

sporcarsi (vr)	ညစ်ပေသွားသည်	nji' pei dhwa: de
macchia (f)	အစွန်းအထင်း	aswan: ahtin:
sgualcirsi (vr)	တွန့်ကြေစေသည်	tun. gjei zei de
strappare (vt)	ပေါက်ပြဲသွားသည်	pau' pje: dhwa: de
tarma (f)	အဝတ်ပိုးဖလံ	awu' pou: hpa. lan

33. Cura della persona. Cosmetici

dentifricio (m)	သွားတိုက်ဆေး	thwa: tai' hsei:
spazzolino (m) da denti	သွားတိုက်တံ	thwa: tai' tan
lavarsi i denti	သွားတိုက်သည်	thwa: tai' te

rasoio (m)	သင်တုန်းဓား	thin toun: da:
crema (f) da barba	မုတ်ဆိတ်ရိတ် ဆပ်ပြာ	mou' zei' jei' hsa' pja
rasarsi (vr)	ရိတ်သည်	jei' te

sapone (m)	ဆပ်ပြာ	hsa' pja
shampoo (m)	ခေါင်းလျှော်ရည်	gaun: sho je

forbici (f pl)	ကတ်ကြေး	ka' kjei:
limetta (f)	လက်သည်းတိုက်တံစဉ်း	le' the:
tagliaunghie (m)	လက်သည်းညှပ်	le' the: hnja'
pinzette (f pl)	ဇာဂနာ	za ga. na

cosmetica (f)	အလှကုန်ပစ္စည်း	ahla. koun pji' si:
maschera (f) di bellezza	မျက်နှာပေါင်းတင်ခြင်း	mje' hna baun: din gjin:
manicure (m)	လက်သည်းအလှပြင်ခြင်း	le' the: ahla bjin gjin
fare la manicure	လက်သည်းအလှပြင်သည်	le' the: ahla bjin de
pedicure (m)	ခြေသည်းအလှပြင်သည်	chei dhi: ahla. pjin de

borsa (f) del trucco	မိတ်ကပ်အိတ်	mi' ka' ei'
cipria (f)	ပေါင်ဒါ	paun da
portacipria (m)	ပေါင်ဒါဘူး	paun da bu:
fard (m)	ပါးနီ	pa: ni

profumo (m)	ရေမွှေး	jei mwei:
acqua (f) da toeletta	ရေမွှေး	jei mwei:
lozione (f)	လူးရှင်း	lou shin:
acqua (f) di Colonia	အော်ဒီကာလုန်းရေမွှေး	o di ka lun: jei mwei:

ombretto (m)	မျက်ခွံထိုးဆေး	mje' khwan zou: zei:
eyeliner (m)	အိုင်းလိုင်းနာတောင့်	ain: lain: na daun.
mascara (m)	မျက်တောင်ခြယ်ဆေး	mje' taun gje zei:

rossetto (m)	နှတ်ခမ်းနီ	hna' khan: ni
smalto (m)	လက်သည်းဆိုးဆေး	le' the: azou: zei:
lacca (f) per capelli	ဆံပင်သုံး စပရေး	zabin dhoun za. ba. jei:
deodorante (m)	ချွေးနံ့ပျောက်ဆေး	chwei: nan. bjau' hsei:
crema (f)	ခရင်မ်	khajin m
crema (f) per il viso	မျက်နှာခရင်မ်	mje' hna ga. jin m
crema (f) per le mani	ဟန်ခရင်မ်	han kha. rin m
crema (f) antirughe	အသားခြောက်ကာကွယ်ဆေး	atha: gjau' ka gwe zei:
crema (f) da giorno	နေ့လိမ်းခရင်မ်	nei. lein: ga jin'm
crema (f) da notte	ညလိမ်းခရင်မ်	nja lein: khajinm
da giorno	နေ့လယ်ဘက်သုံးသော	nei. le be' thoun: de.
da notte	ညဘက်သုံးသော	nja. be' thoun: de.
tampone (m)	အတောင့်	ataun.
carta (f) igienica	အိမ်သာသုံးစက္ကူ	ein dha dhoun: se' ku
fon (m)	ဆံပင်အခြောက်ခံစက်	zabin achou' hsan za'

34. Orologi da polso. Orologio

orologio (m) (~ da polso)	နာရီ	na ji
quadrante (m)	နာရီဒိုင်ခွက်	na ji dai' hpwe'
lancetta (f)	နာရီလက်တံ	na ji le' tan
braccialetto (m)	နာရီကြိုး	na ji gjou:
cinturino (m)	နာရီကြိုး	na ji gjou:
pila (f)	ဓာတ်ခဲ	da' khe:
essere scarico	အားကုန်သည်	a: kun de
cambiare la pila	ဘတ်ထရီလဲသည်	ba' hta ji le: de
andare avanti	မြန်သည်	mjan de
andare indietro	နောက်ကျသည်	nau' kja. de
orologio (m) da muro	တိုင်ကပ်နာရီ	tain ka' na ji
clessidra (f)	သဲနာရီ	the: naji
orologio (m) solare	နေနာရီ	nei na ji
sveglia (f)	နှိုးစက်	hnou: ze'
orologiaio (m)	နာရီပြင်ဆရာ	ma ji bjin zaja
riparare (vt)	ပြင်သည်	pjin de

Cibo. Alimentazione

35. Cibo

Italian	Burmese	Pronunciation
carne (f)	အသား	atha:
pollo (m)	ကြက်သား	kje' tha:
pollo (m) novello	ကြက်ကလေး	kje' ka. lei:
anatra (f)	ဘဲသား	be: dha:
oca (f)	ဘဲငန်းသား	be: ngan: dha:
cacciagione (f)	တောကောင်သား	to: gaun dha:
tacchino (m)	ကြက်ဆင်သား	kje' hsin dha:
maiale (m)	ဝက်သား	we' tha:
vitello (m)	နွားကလေးသား	nwa: ga. lei: dha:
agnello (m)	သိုးသား	thou: tha:
manzo (m)	အမဲသား	ame: dha:
coniglio (m)	ယုန်သား	joun dha:
salame (m)	ဝက်အူချောင်း	we' u gjaun:
w?rstel (m)	အသားချောင်း	atha: gjaun:
pancetta (f)	ဝက်ဆားနယ်ခြောက်	we' has: ne gjau'
prosciutto (m)	ဝက်ပေါင်ခြောက်	we' paun gjau'
prosciutto (m) affumicato	ဝက်ပေါင်ကြော်တိုက်	we' paun gje' tai'
pâté (m)	အနှစ်အခဲပျော့	ahni' akhe pjo.
fegato (m)	အသည်း	athe:
carne (f) trita	ကြိတ်သား	kjei' tha:
lingua (f)	လျှာ	sha
uovo (m)	ဥ	u.
uova (f pl)	ဥများ	u. mja:
albume (m)	အကာ	aka
tuorlo (m)	အနှစ်	ahni'
pesce (m)	ငါး	nga:
frutti (m pl) di mare	ပင်လယ်အစားအစာ	pin le asa: asa
crostacei (m pl)	အခွံမာရေနေသတ္တဝါ	akhun ma jei nei dha' ta. wa
caviale (m)	ငါးဥ	nga: u.
granchio (m)	ကကန်း	kanan:
gamberetto (m)	ပုစွန်	bazun
ostrica (f)	ကမာကောင်	kama kaun
aragosta (f)	ကျောက်ပုစွန်	kjau' pu. zun
polpo (m)	ရေဘဝဲသား	jei ba. we: dha:
calamaro (m)	ပြည်ကြီးငါး	pjei gji: nga:
storione (m)	စတာဂျင်ငါး	sata gjin nga:
salmone (m)	ဆော်လမွန်ငါး	hso: la. mun nga:
ippoglosso (m)	ပင်လယ်ငါးကြီးသား	pin le nga: gji: dha:
merluzzo (m)	ငါးကြီးဆီထုတ်သောင်း	nga: gji: zi dou' de. nga:

scombro (m)	မက်ကရယ်ငါး	me' ka. je nga:
tonno (m)	တူနာငါး	tu na nga:
anguilla (f)	ငါးရှဉ့်	nga: shin.
trota (f)	ထရောက်ငါး	hta. jau' nga:
sardina (f)	ငါးသေတ္တာငါး	nga: dhei ta' nga:
luccio (m)	ပိုက်ငါး	pai' nga
aringa (f)	ငါးသလောက်	nga: dha. lau'
pane (m)	ပေါင်မုန့်	paun moun.
formaggio (m)	ဒိန်ခဲ	dain ge:
zucchero (m)	သကြား	dhagja:
sale (m)	ဆား	hsa:
riso (m)	ဆန်စပါး	hsan zaba
pasta (f)	အီတာလီခေါက်ဆွဲ	ita. li khau' hswe:
tagliatelle (f pl)	ခေါက်ဆွဲ	gau' hswe:
burro (m)	ထောပတ်	hto: ba'
olio (m) vegetale	ဆီ	hsi
olio (m) di girasole	နေကြာပန်းဆီ	nei gja ban: zi
margarina (f)	ဟင်းရွက်အဆီခဲ	hin: jwe' ahsi khe:
olive (f pl)	သံလွင်သီး	than lun dhi:
olio (m) d'oliva	သံလွင်ဆီ	than lun zi
latte (m)	နွားနို့	nwa: nou.
latte (m) condensato	နို့ဆီ	ni. zi
yogurt (m)	ဒိန်ချဉ်	dain gjin
panna (f) acida	နို့ချဉ်	nou. gjin
panna (f)	မလိုင်	ma. lain
maionese (m)	ခပ်ပျစ်ပျစ်စားမြိန်ရည်	kha' pji' pji' sa: mjein jei
crema (f)	ထောပတ်မလိုင်	hto: ba' ma. lein
cereali (m pl)	နှံစားစေ့	nhnan za: zei.
farina (f)	ဂျုံမှုန့်	gjoun hmoun.
cibi (m pl) in scatola	စည်သွပ်ဗူးများ	si dhwa' bu: mja:
fiocchi (m pl) di mais	ပြောင်းဖူးမုန့်စန်း	pjaun: bu: moun. zan:
miele (m)	ပျားရည်	pja: je
marmellata (f)	ယို	jou
gomma (f) da masticare	ပီကေ	pi gei

36. Bevande

acqua (f)	ရေ	jei
acqua (f) potabile	သောက်ရေ	thau' jei
acqua (f) minerale	ဓာတ်ဆားရည်	da' hsa: ji
liscia (non gassata)	ဂက်စ်မပါသော	ga' s ma. ba de.
gassata (agg)	ဂက်စ်ပါသော	ga' s ba de.
frizzante (agg)	စပါကလင်	saba ga. lin
ghiaccio (m)	ရေခဲ	jei ge:

con ghiaccio	ရေခဲနှင့်	jei ge: hnin.
analcolico (agg)	အယ်ကိုဟောမပါသော	e kou ho: ma. ba de.
bevanda (f) analcolica	အယ်ကိုဟောမဟုတ်သော သောက်စရာ	e kou ho: ma. hou' te. dhau' sa. ja
bibita (f)	အဖျော်	aei:
limonata (f)	လီမွန်ဖျော်ရည်	li mun hpjo ji
bevande (f pl) alcoliche	အယ်ကိုဟောပါဝင်သော သောက်စရာ	e kou ho: ba win de. dhau' sa. ja
vino (m)	ဝိုင်	wain
vino (m) bianco	ဝိုင်ဖြူ	wain gju
vino (m) rosso	ဝိုင်နီ	wain ni
liquore (m)	အရက်ချိုပြင်း	aje' gjou pjin
champagne (m)	ရှန်ပိန်	shan pein
vermouth (m)	ရန်သင်းသောအေးဗီမိုဝိုင်	jan dhin: dho: zei: zein wain
whisky	ဝီစကီ	wi sa. gi
vodka (f)	ဗော့ကာ	bo ga
gin (m)	ဂျင်	gjin
cognac (m)	ကော့ညက်	ko. nja'
rum (m)	ရမ်	ran
caffè (m)	ကော်ဖီ	ko hpi
caffè (m) nero	ဘလက်ကော်ဖီ	ba. le' ko: phi
caffè latte (m)	ကော်ဖီနို့ရော	ko hpi ni. jo:
cappuccino (m)	ကပူချီနို	ka. pu chi ni.
caffè (m) solubile	ကော်ဖီမစ်	ko hpi mi'
latte (m)	နွားနို့	nwa: nou.
cocktail (m)	ကော့တေး	ko. dei:
frullato (m)	မစ်ရှိတ်	mi' shei'
succo (m)	အချိုရည်	achou ji
succo (m) di pomodoro	ခရမ်းချဉ်သီးအချိုရည်	khajan: chan dhi: achou jei
succo (m) d'arancia	လိမ္မော်ရည်	limmo ji
spremuta (f)	အသီးဖျော်ရည်	athi: hpjo je
birra (f)	ဘီယာ	bi ja
birra (f) chiara	အရောင်ဖျော့သောဘီယာ	ajaun bjau. de. bi ja
birra (f) scura	အရောင်ရင့်သောဘီယာ	ajaun jin. de. bi ja
tè (m)	လက်ဖက်ရည်	le' hpe' ji
tè (m) nero	လက်ဖက်နက်	le' hpe' ne'
tè (m) verde	လက်ဖက်စိမ်း	le' hpe' sein:

37. Verdure

ortaggi (m pl)	ဟင်းသီးဟင်းရွက်	hin: dhi: hin: jwe'
verdura (f)	ဟင်းခတ်အမွှေးရွက်	hin: ga' ahmwei: jwe'
pomodoro (m)	ခရမ်းချဉ်သီး	khajan: chan dhi:
cetriolo (m)	သခွါးသီး	thakhwa: dhi:
carota (f)	မုန်လာဥနီ	moun la u. ni

patata (f)	အာလူး	a lu:
cipolla (f)	ကြက်သွန်နီ	kje' thwan ni
aglio (m)	ကြက်သွန်ဖြူ	kje' thwan bju
cavolo (m)	ဂေါ်ဖီ	go bi
cavolfiore (m)	ပန်းဂေါ်ဖီ	pan: gozi
cavoletti (m pl) di Bruxelles	ဂေါ်ဖီထုပ်အသေးစား	go bi dou' athei: za:
broccolo (m)	ပန်းဂေါ်ဖီအစိမ်း	pan: gozi asein:
barbabietola (f)	မုန်လာဥနီလုံး	moun la u. ni loun:
melanzana (f)	ခရမ်းသီး	khajan: dhi:
zucchina (f)	ဘူးသီး	bu: dhi:
zucca (f)	ဖရုံသီး	hpa joun dhi:
rapa (f)	တရုတ်မုန်လာဥ	tajou' moun la u.
prezzemolo (m)	တရုတ်နံနံပင်	tajou' nan nan bin
aneto (m)	စမ်းစိပင်	samjei' pin
lattuga (f)	ဆလပ်ရွက်	hsa. la' jwe'
sedano (m)	တရုတ်နံနံကြီး	tajou' nan nan gji:
asparago (m)	ကညွတ်မာဝင်	ka. nju' ma bin
spinaci (m pl)	ဒေါက်ခွ	dau' khwa.
pisello (m)	ပဲစေ့	pe: zei.
fave (f pl)	ပဲအမျိုးမျိုး	pe: amjou: mjou:
mais (m)	ပြောင်းဖူး	pjaun: bu:
fagiolo (m)	ဗိုလ်စားပဲ	bou za: be:
peperone (m)	ငရုတ်သီး	nga jou' thi:
ravanello (m)	မုန်လာဥသေး	moun la u. dhei:
carciofo (m)	အာတီချော့	a ti cho.

38. Frutta. Noci

frutto (m)	အသီး	athi:
mela (f)	ပန်းသီး	pan: dhi:
pera (f)	သစ်တော်သီး	thi' to dhi:
limone (m)	သံပုရာသီး	than bu. jou dhi:
arancia (f)	လိမ္မော်သီး	limmo dhi:
fragola (f)	စတော်ဘယ်ရီသီး	sato be ri dhi:
mandarino (m)	ပျားလိမ္မော်သီး	pja: lein mo dhi:
prugna (f)	ဆီးသီး	hsi: dhi:
pesca (f)	မက်မွန်သီး	me' mwan dhi:
albicocca (f)	တရုတ်ဆီးသီး	jau' hsi: dhi:
lampone (m)	ရက်စဘယ်ရီ	re' sa be ji
ananas (m)	နာနတ်သီး	na na' dhi:
banana (f)	ငှက်ပျောသီး	hnge' pjo: dhi:
anguria (f)	ဖရဲသီး	hpa. je: dhi:
uva (f)	စပျစ်သီး	zabji' thi:
amarena (f), ciliegia (f)	ချယ်ရီသီး	che ji dhi:
amarena (f)	ချယ်ရီချဉ်သီး	che ji gjin dhi:
ciliegia (f)	ချယ်ရီချိုသီး	che ji gjou dhi:
melone (m)	သခွားမွှေးသီး	thakhwa: hmwei: dhi:

pompelmo (m)	ကရိတ်ဖရဲသီး	ga. ri' hpa. ju dhi:
avocado (m)	ထောပတ်သီး	hto: ba' thi:
papaia (f)	သဘော်သီး	thin: bo: dhi:
mango (m)	သရက်သီး	thaje' thi:
melagrana (f)	တလည်းသီး	tale: dhi:
ribes (m) rosso	အနီရောင်ဘယ်ရီသီး	ani jaun be ji dhi:
ribes (m) nero	ဘလက်ကားရန့်	ba. le' ka: jan.
uva (f) spina	ကလားစီးပြူ	ka. la: his: hpju
mirtillo (m)	ဘီဘယ်ရီအသီး	bi: be ji athi:
mora (f)	ရှမ်းဆီးသီး	shan: zi: di:
uvetta (f)	စပျစ်သီးခြောက်	zabji' thi: gjau'
fico (m)	သဖန်းသီး	thahpjan: dhi:
dattero (m)	စွန်ပလွံသီး	sun palun dhi:
arachide (f)	မြေပဲ	mjei be:
mandorla (f)	ဗာဒံသီး	ba dan di:
noce (f)	သစ်ကြားသီး	thi' kja: dhi:
nocciola (f)	ဟောဇယ်သီး	ho: ze dhi:
noce (f) di cocco	အုန်းသီး	aun: dhi:
pistacchi (m pl)	ခွမာသီး	khwan ma dhi:

39. Pane. Dolci

pasticceria (f)	မုန့်ချို	moun. gjou
pane (m)	ပေါင်မုန့်	paun moun.
biscotti (m pl)	ဘီစကစ်	bi za, ki'
cioccolato (m)	ချောကလက်	cho: ka. le'
al cioccolato (agg)	ချောကလက်အရသာရှိသော	cho: ka. le' aja. dha shi. de.
caramella (f)	သကြားလုံး	dhagja: loun:
tortina (f)	ကိတ်	kei'
torta (f)	ကိတ်မုန့်	kei' moun.
crostata (f)	ပိုင်မုန့်	pain hmoun.
ripieno (m)	သွပ်ထားသောအစာ	thu' hta: dho: asa
marmellata (f)	ယို	jou
marmellata (f) di agrumi	အထူးပြုလုပ်ထားသော ယို	a htu: bju. lou' hta: de. jou
wafer (m)	ဝေဖာ	wei hpa
gelato (m)	ရေခဲမုန့်	jei ge: moun.
budino (m)	ပူတင်း	pu tin:

40. Pietanze cucinate

piatto (m) (~ principale)	ဟင်းပွဲ	hin: bwe:
cucina (f)	အစားအသောက်	asa: athau'
ricetta (f)	ဟင်းချက်နည်း	hin: gji' ne:
porzione (f)	တစ်ယောက်စာဟင်းပွဲ	ti' jau' sa hin: bwe:
insalata (f)	အသုပ်	athou'
minestra (f)	စွပ်ပြုတ်	su' pjou'

brodo (m)	ဟင်းရည်	hin: ji
panino (m)	အသားညှပ်ပေါင်မုန့်	atha: hnja' paun moun.
uova (f pl) al tegamino	ကြက်ဥကြော်	kje' u. kjo
hamburger (m)	ဟန်ဘာဂါ	han ba ga
bistecca (f)	အမဲသားတုံး	ame: dha: doun:
contorno (m)	အရံဟင်း	ajan hin:
spaghetti (m pl)	အီတာလီခေါက်ဆွဲ	ita. li khau' hswe:
purè (m) di patate	အာလူးနွှားနှံဖျော်	a luu: nwa: nou. bjo
pizza (f)	ပီဇာ	pi za
porridge (m)	အုတ်ဂျုယာဂု	ou' gjoun ja gu.
frittata (f)	ကြက်ဥခေါက်ကြော်	kje' u. khau' kjo
bollito (agg)	ပြုတ်ထားသော	pjou' hta: de.
affumicato (agg)	ကြပ်တင်ထားသော	kja' tin da: de.
fritto (agg)	ကြော်ထားသော	kjo da de.
secco (agg)	ခြောက်နေသော	chau' nei de.
congelato (agg)	အေးခဲနေသော	ei: khe: nei de.
sottoaceto (agg)	ဆားရည်စိမ်ထားသော	hsa:
dolce (gusto)	ချိုသော	chou de.
salato (agg)	ငန်သော	ngan de.
freddo (agg)	အေးသော	ei: de.
caldo (agg)	ပူသော	pu dho:
amaro (agg)	ခါးသော	kha: de.
buono, gustoso (agg)	အရသာရှိသော	aja. dha shi. de.
cuocere, preparare (vt)	ပြုတ်သည်	pjou' te
cucinare (vi)	ချက်သည်	che' de
friggere (vt)	ကြော်သည်	kjo de
riscaldare (vt)	အပူပေးသည်	apu bei: de
salare (vt)	ဆားထည့်သည်	hsa: hte. de
pepare (vt)	အစပ်ထည့်သည်	asin hte. dhe
grattugiare (vt)	ခြစ်သည်	chi' te
buccia (f)	အခွံ	akhun
sbucciare (vt)	အခွံနွှာသည်	akhun hnwa de

41. Spezie

sale (m)	ဆား	hsa:
salato (agg)	ငန်သော	ngan de.
salare (vt)	ဆားထည့်သည်	hsa: hte. de
pepe (m) nero	ငရုတ်ကောင်း	nga jou' kaun:
peperoncino (m)	ငရုတ်သီး	nga jou' thi:
senape (f)	မုန်ညင်း	moun njin:
cren (m)	သခွါးဒန်သလွန်	thin: bo: dan. dha lun
condimento (m)	ဟင်းခတ်အမှုန်အမျိုးမျိုး	hin: ga' ahnun. amjou: mjou:
spezie (f pl)	ဟင်းခတ်အမွှေးအကြိုင်	hin: ga' ahmwei: akjain
salsa (f)	ဆော့	hso.
aceto (m)	ရှာလကာရည်	sha la. ga je

anice (m)	စမုန်စပါးပင်	samoun zaba: bin
basilico (m)	ပင်စိမ်း	pin zein:
chiodi (m pl) di garofano	လေးညှင်း	lei: hnjin:
zenzero (m)	ဂျင်း	gjin:
coriandolo (m)	နံနံပင်	nan nan bin
cannella (f)	သစ်ကြံပိုးခေါက်	thi' kjan bou: gau'
sesamo (m)	နှမ်း	hnan:
alloro (m)	ကရဝေးရွက်	ka ja wei: jwe'
paprica (f)	ပန်းငရုတ်မှုန့်	pan: nga. jou' hnoun.
cumino (m)	ကရဝေး	ka. ja. wei:
zafferano (m)	ကုံကုမံ	koun kou man

42. Pasti

cibo (m)	အစားအစာ	asa: asa
mangiare (vi, vt)	စားသည်	sa: de
colazione (f)	နံနက်စာ	nan ne' za
fare colazione	နံနက်စာစားသည်	nan ne' za za: de
pranzo (m)	နေ့လယ်စာ	nei. le za
pranzare (vi)	နေ့လယ်စာစားသည်	nei. le za za de
cena (f)	ညစာ	nja. za
cenare (vi)	ညစာစားသည်	nja. za za: de
appetito (m)	စားချင်စိတ်	sa: gjin zei'
Buon appetito!	စားကောင်းပါစေ	sa: gaun: ba zei
aprire (vt)	ဖွင့်သည်	hpwin. de
rovesciare (~ il vino, ecc.)	ဖိတ်ကျသည်	hpi' kja de
rovesciarsi (vr)	မှောက်သည်	hmau' de
bollire (vi)	ဆူပွက်သည်	hsu. bwe' te
far bollire	ဆူပွက်သည်	hsu. bwe' te
bollito (agg)	ဆူပွက်ထားသော	hsu. bwe' hta: de.
raffreddare (vt)	အအေးခံသည်	aei: gan de
raffreddarsi (vr)	အေးသွားသည်	ei: dhwa: de
gusto (m)	အရသာ	aja. dha
retrogusto (m)	ပအာခြင်း	pa. achin:
essere a dieta	ဝိတ်ချသည်	wei' cha. de
dieta (f)	ဓာတ်စာ	da' sa
vitamina (f)	ဗီတာမင်	bi ta min
caloria (f)	ကယ်လိုရီ	ke lou ji
vegetariano (m)	သက်သက်လွတ်စားသူ	the' the' lu' za: dhu
vegetariano (agg)	သက်သက်လွတ်စားသော	the' the' lu' za: de.
grassi (m pl)	အဆီ	ahsi
proteine (f pl)	အသားဓာတ်	atha: da'
carboidrati (m pl)	ကစီဓာတ်	ka. zi da'
fetta (f), fettina (f)	အချပ်	acha'
pezzo (m) (~ di torta)	အတုံး	atoun:
briciola (f) (~ di pane)	အစအန	asa an

43. Preparazione della tavola

cucchiaio (m)	ဇွန်း	zun:
coltello (m)	ဓား	da:
forchetta (f)	ခက်ရင်း	khajin:
tazza (f)	ခွက်	khwe'
piatto (m)	ပန်းကန်ပြား	bagan: bja:
piattino (m)	အောက်ခံပန်းကန်ပြား	au' khan ban: kan pja:
tovagliolo (m)	လက်သုတ်ပုဝါ	le' thou' pu. wa
stuzzicadenti (m)	သွားကြားထိုးတံ	thwa: kja: dou: dan

44. Ristorante

ristorante (m)	စားသောက်ဆိုင်	sa: thau' hsain
caffè (m)	ကော်ဖီဆိုင်	ko hpi zain
pub (m), bar (m)	ဘား	ba:
sala (f) da tè	လက်ဖက်ရည်ဆိုင်	le' hpe' ji zain
cameriere (m)	စားပွဲထိုး	sa: bwe: dou:
cameriera (f)	စားပွဲထိုးမိန်းကလေး	sa: bwe: dou: mein: ga. lei:
barista (m)	အရက်ဘားဝန်ထမ်း	aje' ba: wun dan:
menù (m)	စားသောက်ဖွယ်စာရင်း	sa: thau' hpwe za jin:
lista (f) dei vini	ဝိုင်စာရင်း	wain za jin:
prenotare un tavolo	စားပွဲကြိုတင်မှာယူသည်	sa: bwe: gjou din hma ju de
piatto (m)	ဟင်းပွဲ	hin: bwe:
ordinare (~ il pranzo)	မှာသည်	hma de
fare un'ordinazione	မှာသည်	hma de
aperitivo (m)	နှတ်မြိန်ဆေး	hna' mjein zei:
antipasto (m)	နှတ်မြိန်စာ	hna' mjein za
dolce (m)	အချိုပွဲ	achou bwe:
conto (m)	ကျသင့်ငွေ	kja. thin. ngwei
pagare il conto	ကုန်ကျငွေရှင်းသည်	koun gja ngwei shin: de
dare il resto	ပြန်အမ်းသည်	pjan an: de
mancia (f)	ပန်းပို့	moun. bou:

Famiglia, parenti e amici

45. Informazioni personali. Moduli

nome (m)	အမည်	amji
cognome (m)	မိသားစုအမည်	mi. dha: zu. amji
data (f) di nascita	မွေးနေ့	mwei: nei.
luogo (m) di nascita	မွေးရပ်	mwer: ja'
nazionalità (f)	လူမျိုး	lu mjou:
domicilio (m)	နေရပ်ဒေသ	nei ja' da. dha.
paese (m)	နိုင်ငံ	nain ngan
professione (f)	အလုပ်အကိုင်	alou' akain
sesso (m)	လိင်	lin
statura (f)	အရပ်	aja'
peso (m)	ကိုယ်အလေးချိန်	kou alei: chain

46. Membri della famiglia. Parenti

madre (f)	အမေ	amei
padre (m)	အဖေ	ahpei
figlio (m)	သား	tha:
figlia (f)	သမီး	thami:
figlia (f) minore	သမီးအငယ်	thami: ange
figlio (m) minore	သားအငယ်	tha: ange
figlia (f) maggiore	သမီးအကြီး	thami: akji:
figlio (m) maggiore	သားအကြီး	tha: akji:
fratello (m)	ညီအစ်ကို	nji a' kou
fratello (m) maggiore	အစ်ကို	akou
fratello (m) minore	ညီ	nji
sorella (f)	ညီအစ်မ	nji a' ma
sorella (f) maggiore	အစ်မ	ama.
sorella (f) minore	ညီမ	nji ma.
cugino (m)	ဝမ်းကွဲအစ်ကို	wan: kwe: i' kou
cugina (f)	ဝမ်းကွဲညီမ	wan: kwe: nji ma.
mamma (f)	မေမေ	mei mei
papà (m)	ဖေဖေ	hpei hpei
genitori (m pl)	မိဘတွေ	mi. ba. dwei
bambino (m)	ကလေး	kalei:
bambini (m pl)	ကလေးများ	kalei: mja:
nonna (f)	အဘွား	ahpwa
nonno (m)	အဘိုး	ahpou:

nipote (m) (figlio di un figlio)	မြေး	mjei:
nipote (f)	မြေးမ	mjei: ma.
nipoti (pl)	မြေးများ	mjei: mja:
zio (m)	ဦးလေး	u: lei:
zia (f)	အဒေါ်	ado
nipote (m) (figlio di un fratello)	တူ	tu
nipote (f)	တူမ	tu ma.
suocera (f)	ယောက္ခမ	jau' khama.
suocero (m)	ယောက္ခထီး	jau' khadi:
genero (m)	သားမက်	tha: me'
matrigna (f)	မိထွေး	mi. dwei:
patrigno (m)	ပထွေး	pahtwei:
neonato (m)	နို့စို့ကလေး	nou. zou. galei:
infante (m)	ကလေးငယ်	kalei: nge
bimbo (m), ragazzino (m)	ကလေး	kalei:
moglie (f)	မိန်းမ	mein: ma.
marito (m)	ယောက်ျား	jau' kja:
coniuge (m)	ခင်ပွန်း	khin bun:
coniuge (f)	ဇနီး	zani:
sposato (agg)	မိန်းမရှိသော	mein: ma. shi. de.
sposata (agg)	ယောက်ျားရှိသော	jau' kja: shi de
celibe (agg)	လူလွတ်ဖြစ်သော	lu lu' hpji te.
scapolo (m)	လူပျို	lu bjou
divorziato (agg)	တစ်ခုလပ်ဖြစ်သော	ti' khu. la' hpji' te.
vedova (f)	မုဆိုးမ	mu. zou: ma.
vedovo (m)	မုဆိုးဖို	mu. zou: bou
parente (m)	ဆွေမျိုး	hswe mjou:
parente (m) stretto	ဆွေမျိုးရင်းချာ	hswe mjou: jin: gja
parente (m) lontano	ဆွေမျိုးနီးစပ်	hswe mjou: ni: za'
parenti (m pl)	မွေးချင်းများ	mwei: chin: mja:
orfano (m), orfana (f)	မိဘမဲ့	mi. ba me.
orfano (m)	မိဘမဲ့ကလေး	mi. ba me. ga lei:
orfana (f)	မိဘမဲ့ကလေးမ	mi. ba me. ga lei: ma
tutore (m)	အုပ်ထိန်းသူ	ou' htin: dhu
adottare (~ un bambino)	သားအဖြစ်မွေးစားသည်	tha: ahpji' mwei: za: de
adottare (~ una bambina)	သမီးအဖြစ်မွေးစားသည်	thami: ahpji' mwei: za: de

Medicinali

47. Malattie

malattia (f)	ရောဂါ	jo: ga
essere malato	ဖျားနာသည်	hpa: na de
salute (f)	ကျန်းမာရေး	kjan: ma jei:
raffreddore (m)	နာဝေးခြင်း	hna zei: gjin:
tonsillite (f)	အာသီးရောင်ခြင်း	a sha. jaun gjin:
raffreddore (m)	အအေးမိခြင်း	aei: mi. gjin:
raffreddarsi (vr)	အအေးမိသည်	aei: mi. de
bronchite (f)	ချောင်းဆိုးရင်ကျပ်နာ	gaun: ou: jin gja' na
polmonite (f)	အဆုတ်ရောင်ရောဂါ	ahsou' jaun jo: ga
influenza (f)	တုပ်ကွေး	tou' kwei:
miope (agg)	အဝေးမှုန်သော	awei: hmun de.
presbite (agg)	အနီးမှုန်	ani: hmoun
strabismo (m)	မျက်စိစွေခြင်း	mje' zi. zwei gjin:
strabico (agg)	မျက်စိစွေသော	mje' zi. zwei de.
cateratta (f)	နာမကျန်းဖြစ်ခြင်း	na. ma. gjan: bji' chin:
glaucoma (m)	ရေတိမ်	jei dein
ictus (m) cerebrale	လေသင်တုန်းဖြတ်ခြင်း	lei dhin doun: bja' chin:
attacco (m) di cuore	နှလုံးဖောက်ပြန်မှု	hnaloun: bau' bjan hmu.
infarto (m) miocardico	နှလုံးကြွက်သားပုပ်ခြင်း	hnaloun: gjwe' tha: bou' chin:
paralisi (f)	သွေ့ချာပဒ	thwe' cha ba da.
paralizzare (vt)	ဆိုင်းတွသွားသည်	hsain: dwa dhwa: de
allergia (f)	မတည့်ခြင်း	ma. de. gjin:
asma (f)	ပန်းနာ	pan: na
diabete (m)	ဆီးချိုရောဂါ	hsi: gjou jau ba
mal (m) di denti	သွားကိုက်ခြင်း	thwa: kai' chin:
carie (f)	သွားပိုးစားခြင်း	thwa: pou: za: gjin:
diarrea (f)	ဝမ်းလျှောခြင်း	wan: sho: gjin:
stitichezza (f)	ဝမ်းချုပ်ခြင်း	wan: gjou' chin:
disturbo (m) gastrico	ဗိုက်နာခြင်း	bai' na gjin:
intossicazione (f) alimentare	အစာအဆိပ်သင့်ခြင်း	asa: ahsei' thin. gjin:
intossicarsi (vr)	အစားမှားခြင်း	asa: hma: gjin:
artrite (f)	အဆစ်ရောင်နာ	ahsi' jaun na
rachitide (f)	အရိုးပျော့နာ	ajou: bjau. na
reumatismo (m)	ဒုလာ	du la
aterosclerosi (f)	နှလုံးသွေးကြော အဆီပိတ်ခြင်း	hna. loun: twei: kjau ahsi pei' khin:
gastrite (f)	အစာအိမ်ရောင်ရမ်းနာ	asa: ein jaun jan: na
appendicite (f)	အူအတက်ရောင်ခြင်း	au hte' jaun gjin:

colecistite (f)	သည်းခြေပြွန်ရောင်ခြင်း	thi: gjei bjun jaun gjin:
ulcera (f)	ဖောင့်ကွက်နာ	hpe' khwe' na
morbillo (m)	ဝက်သက်	we' the'
rosolia (f)	ဂျိုက်သိုး	gjou' thou:
itterizia (f)	အသားဝါရောဂါ	atha: wa jo: ga
epatite (f)	အသည်းရောင်ရောဂါ	athe: jaun jau ba
schizofrenia (f)	စိတ်ကစဉ့်ကလျားရောဂါ	sei' ga. zin. ga. lja: jo: ga
rabbia (f)	ခွေးရူးပြန်ရောဂါ	khwei: ju: bjan jo: ba
nevrosi (f)	စိတ်မမှန်ခြင်း	sei' mu ma. hman gjin:
commozione (f) cerebrale	ဦးနှောက်ထိခိုက်ခြင်း	oun: hnau' hti. gai' chin:
cancro (m)	ကင်ဆာ	kin hsa
sclerosi (f)	အသားမျှင်ခက် မာသွားခြင်း	atha: hmjin kha' ma dwa: gjin:
sclerosi (f) multipla	အာရုံကြောပျက်စီး	a joun gjo: bje' si:
	ရောင်ရမ်းသည့်ရောဂါ	jaun jan: dhi. jo: ga
alcolismo (m)	အရက်နာဖွဲခြင်း	aje' na zwe: gjin:
alcolizzato (m)	အရက်သမား	aje' dha. ma:
sifilide (f)	ဆဖြလစ်ကာလသားရောဂါ	his' hpa. li' ka la. dha: jo: ba
AIDS (m)	ကိုယ်ခံအားကျကူးစက်ရောဂါ	kou khan a: kja ku: za' jau ba
tumore (m)	အသားပို	atha: pou
maligno (agg)	ကင်ဆာဖြစ်နေသော	kin hsa bji' nei de.
benigno (agg)	ပြန့်ပွါးခြင်းမရှိသော	pjan. bwa: gjin: ma. shi. de.
febbre (f)	အဖျားတက်ရောဂါ	ahpja: de' jo: ga
malaria (f)	ငှက်ဖျားရောဂါ	hnge' hpja: jo: ba
cancrena (f)	ဂင်ဂရင်းနာရောဂါ	gan ga. ji na jo: ba
mal (m) di mare	လှိုင်းမူးခြင်း	hlain: mu: gjin:
epilessia (f)	ဝက်ရူးပြန်ရောဂါ	we' ju: bjan jo: ga
epidemia (f)	ကပ်ရောဂါ	ka' jo ba
tifo (m)	တိုက်ဖိုက်ရောဂါ	tai' hpai' jo: ba
tubercolosi (f)	တီဘီရောဂါ	ti bi jo: ba
colera (m)	ကာလဝမ်းရောဂါ	ka la. wan: jau ga
peste (f)	ကပ်ဆိုး	ka' hsou:

48. Sintomi. Cure. Parte 1

sintomo (m)	လက္ခဏာ	le' khana
temperatura (f)	အပူချိန်	apu gjein
febbre (f) alta	ကိုယ်အပူချိန်တက်	kou apu chain de'
polso (m)	သွေးခုန်နှုန်း	thwei: khoun hnan:
capogiro (m)	မူးနောက်ခြင်း	mu: nau' chin:
caldo (agg)	ပူသော	pu dho:
brivido (m)	တုန်ခြင်း	toun gjin:
pallido (un viso ~)	ဖြူရော်သော	hpju jo de.
tosse (f)	ချောင်းဆိုးခြင်း	gaun: zou: gjin:
tossire (vi)	ချောင်းဆိုးသည်	gaun: zou: de
starnutire (vi)	နှာချေသည်	hna gjei de

Italiano	Birmano	Pronuncia
svenimento (m)	အားနည်းခြင်း	a: ne: gjin:
svenire (vi)	သတိလစ်သည်	dhadi. li' te

livido (m)	ပွန်းပဲ့ဒက်ရာ	pun: be. dan ja
bernoccolo (m)	ေဆာင့်မိခြင်း	hsaun. mi. gjin:
farsi un livido	ေဆာင့်မိသည်	hsaun. mi. de.
contusione (f)	ပွန်းပဲ့ဒက်ရာ	pun: be. dan ja
farsi male	ပွန်းပဲ့ဒက်ရာရသည်	pun: be. dan ja ja. de

zoppicare (vi)	ေထာ့နဲ့ေထာ့နဲ့ေလျှာက်သည်	hto. ne. hto. ne. shau' te
slogatura (f)	အဆစ်လွဲခြင်း	ahsi' lwe: gjin:
slogarsi (vr)	အဆစ်လွဲသည်	ahsi' lwe: de
frattura (f)	ကျိုးအက်ခြင်း	kjou: e' chin:
fratturarsi (vr)	ကျိုးအက်သည်	kjou: e' te

taglio (m)	ရှသည်	sha. de
tagliarsi (vr)	ရှမိသည်	sha. mi. de
emorragia (f)	သွေးထွက်ခြင်း	thwei: htwe' chin:

scottatura (f)	မီးေလာင်သည့်ဒက်ရာ	mi: laun de. dan ja
scottarsi (vr)	မီးေလာင်ဒက်ရာရသည်	mi: laun dan ja ja. de

pungere (vt)	ေဖာက်သည်	hpau' te
pungersi (vr)	ကိုယ်တိုင်ေဖာက်သည်	kou tain hpau' te
ferire (vt)	ထိခိုက်ဒက်ရာရသည်	hti. gai' dan ja ja. de
ferita (f)	ထိခိုက်ဒက်ရာ	hti. gai' dan ja
lesione (f)	ဒက်ရာ	dan ja
trauma (m)	စိတ်ဒက်ရာ	sei' dan ja

delirare (vi)	ကေယာင်ကတန်းဖြစ်သည်	kajaun ka dan: bi' te
tartagliare (vi)	တုံ့နေးတုံ့နေးဖြစ်သည်	toun. hnei: toun. hnei: bji' te
colpo (m) di sole	အပူလျှပ်ခြင်း	apu hlja' chin

49. Sintomi. Cure. Parte 2

dolore (m), male (m)	နာကျင်မှု	na gjin hmu.
scheggia (f)	ပဲ့ထွက်ေသာအစ	pe. dwe' tho: asa.

sudore (m)	ချွေး	chwei:
sudare (vi)	ချွေးထွက်သည်	chwei: htwe' te
vomito (m)	အန်ခြင်း	an gjin:
convulsioni (f pl)	အကြောလိုက်ခြင်း	akjo: lai' chin:

incinta (agg)	ကိုယ်ဝန်ေဆာင်ထားေသာ	kou wun hsaun da: de.
nascere (vi)	ေမွးဖွားသည်	mwei: bwa: de
parto (m)	မီးဖွားခြင်း	mi: bwa: gjin:
essere in travaglio di parto	မီးဖွားသည်	mi: bwa: de
aborto (m)	ကိုယ်ဝန်ဖျက်ချခြင်း	kou wun hpje' cha chin:

respirazione (f)	အသက်ရှုခြင်း	athe' shu gjin:
inspirazione (f)	ဝင်ေလ	win lei
espirazione (f)	ထွက်ေလ	htwe' lei
espirare (vi)	အသက်ရှုထုတ်သည်	athe' shu dou' te
inspirare (vi)	အသက်ရှုသွင်းသည်	athe' shu dhwin: de

invalido (m)	ကိုယ်အင်္ဂါမသန် စွမ်းသူ	kou an ga ma. dhan swan: dhu
storpio (m)	မသန်မစွမ်းသူ	ma. dhan ma. zwan dhu
drogato (m)	ဆေးစွဲသူ	hsei zwe: dhu
sordo (agg)	နားမကြားသော	na: ma. gja: de.
muto (agg)	ဆွံ့အသော	hsun. ade.
sordomuto (agg)	ဆွံ့အ နားမကြားသူ	hsun. ana: ma. gja: dhu
matto (agg)	စိတ်မနှံ့သော	sei' ma. hnan. de.
matto (m)	စိတ်မနှံ့သူ	sei' ma. hnan. dhu
matta (f)	စိတ်ဝေဒနာရှင် မိန်းကလေး	sei' wei da. na shin mein: ga. lei:
impazzire (vi)	ရူးသွပ်သည်	ju: dhu' de
gene (m)	မျိုးရိုးဗီဇ	mjou: jou: bi za.
immunità (f)	ကိုယ်ခံအား	kou gan a:
ereditario (agg)	မျိုးရိုးလိုက်သော	mjou: jou: lou' te.
innato (agg)	မွေးရာပါဖြစ်သော	mwei: ja ba bji' te.
virus (m)	ဗိုင်းရပ်ပိုးမွှား	bain: ja' pou: hmwa:
microbo (m)	အကုဇီဝရုပ်	anu zi wa. jou'
batterio (m)	ဘက်တီးရီးယားပိုး	be' ti: ji: ja: bou:
infezione (f)	ရောဂါကူးစက်မှု	jo ga gu: ze' hmu.

50. Sintomi. Cure. Parte 3

ospedale (m)	ဆေးရုံ	hsei: joun
paziente (m)	လူနာ	lu na
diagnosi (f)	ရောဂါစစ်ဆေးခြင်း	jo ga zi' hsei: gjin:
cura (f)	ဆေးကုထုံး	hsei: ku. doun:
trattamento (m)	ဆေးဝါးကုသမှု	hsei: wa: gu. dha. hmu.
curarsi (vr)	ဆေးကုသမှုခံယူသည်	hsei: ku. dha. hmu. dha de
curare (vt)	ပြုစုသည်	pju. zu. de
accudire (un malato)	ပြုစုစောင့်ရှောက်သည်	pju. zu. zaun. shau' te
assistenza (f)	ပြုစုစောင့်ရှောက်ခြင်း	pju. zu. zaun. shau' chin:
operazione (f)	ခွဲစိတ်ကုသခြင်း	khwe: zei' ku. dha. hin:
bendare (vt)	ပတ်တီးစည်းသည်	pa' ti: ze: de
fasciatura (f)	ပတ်တီးစည်းခြင်း	pa' ti: ze: gjin:
vaccinazione (f)	ကာကွယ်ဆေးထိုးခြင်း	ka gwe hsei: dou: gjin:
vaccinare (vt)	ကာကွယ်ဆေးထိုးသည်	ka gwe hsei: dou: de
iniezione (f)	ဆေးထိုးခြင်း	hsei: dou: gjin:
fare una puntura	ဆေးထိုးသည်	hsei: dou: de
attacco (m) (~ epilettico)	ရောဂါ ရုတ်တရက်ကျရောက်ခြင်း	jo ga jou' ta. je' kja. jau' chin:
amputazione (f)	ဖြတ်တောက်ကုသခြင်း	hpja' tau' ku. dha gjin:
amputare (vt)	ဖြတ်တောက်ကုသသည်	hpja' tau' ku. dha de
coma (m)	မေ့မြောခြင်း	mei. mjo: gjin:
essere in coma	မေ့မြောသည်	mei. mjo: de
rianimazione (f)	အသွမ်းကုန်ပြုခြင်း	aswan: boun bju. zu. bjin:
guarire (vi)	ရောဂါသက်သာလာသည်	jo ga dhe' tha la de

Italiano	Birmano	Pronuncia
stato (f) (del paziente)	ကျန်းမာရေးအခြေအနေ	kjan: ma jei: achei a nei
conoscenza (f)	ပြန်လည်သတိရလာခြင်း	pjan le dhadi. ja. la. gjin:
memoria (f)	မှတ်ဉာက်	hma' njan
estrarre (~ un dente)	နုတ်သည်	hna' te
otturazione (f)	သွားပေါက်ဖာဆေးမှု	thwa: bau' hpa dei: hmu.
otturare (vt)	ဖာသည်	hpa de
ipnosi (f)	အိပ်မွေ့ချခြင်း	ei' mwei. gja. gjin:
ipnotizzare (vt)	အိပ်မွေ့ချသည်	ei' mwei. gja. de

51. Medici

Italiano	Birmano	Pronuncia
medico (m)	ဆရာဝန်	hsa ja wun
infermiera (f)	သူနာပြု	thu na bju.
medico (m) personale	ကိုယ်ရေး ဆရာဝန်	kou jei: hsaja wun
dentista (m)	သွားဆရာဝန်	thwa: hsaja wun
oculista (m)	မျက်စိဆရာဝန်	mje' si. za. ja wun
internista (m)	ရောဂါရာဖွရေးဆရာဝန်	jo ga sha bwei jei: hsaja wun
chirurgo (m)	ခွဲစိတ်ကုဆရာဝန်	khwe: hsei' ku hsaja wun
psichiatra (m)	စိတ်ရောဂါအထူးကုဆရာဝန်	sei' jo: ga ahtu: gu. zaja wun
pediatra (m)	ကလေးအထူးကုဆရာဝန်	kalei: ahtu: ku. hsaja wun
psicologo (m)	စိတ်ပညာရှင်	sei' pjin nja shin
ginecologo (m)	မီးယပ်ရောဂါအထူးကုဆရာဝန်	mi: ja' jo: ga ahtu: gu za. ja wun
cardiologo (m)	နှလုံးရောဂါအထူးကုဆရာဝန်	hnaloun: jo: ga ahtu: gu. zaja wun

52. Medicinali. Farmaci. Accessori

Italiano	Birmano	Pronuncia
medicina (f)	ဆေးဝါး	hsei: wa:
rimedio (m)	ကုသခြင်း	ku. dha. gjin:
prescrivere (vt)	ဆေးအညွှန်းပေးသည်	hsa: ahnjun: bwe: de
prescrizione (f)	ဆေးညွှန်း	hsei: hnjun:
compressa (f)	ဆေးပြား	hsei: bja:
unguento (m)	လိမ်းဆေး	lein: zei:
fiala (f)	လေလုံဖန်ပုလင်းငယ်	lei loun ban bu. lin: nge
pozione (f)	စပ်ဆေးရည်	sa' ei: je
sciroppo (m)	ဖျော်ရည်ဆေး	hpjo jei zi
pillola (f)	ဆေးတောင့်	hsei: daun.
polverina (f)	အမှုန့်	ahmoun.
benda (f)	ပတ်တီး	pa' ti:
ovatta (f)	ဂွမ်းလိပ်	gwan: lei'
iodio (m)	တင်ဂျာအိုင်ဒင်း	tin gja ein din:
cerotto (m)	ပလာစတာ	pa. la sata
contagocce (m)	မျက်စဉ်းခတ်ကိရိယာ	mje' zin: ba' ki. ji. ja
termometro (m)	အပူချိန်တိုင်းကိရိယာ	apu gjein dain: gi. ji. ja

siringa (f)	ဆေးထိုးပြွတ်	hsei: dou: bju'
sedia (f) a rotelle	ဘီးတပ်ကုလားထိုင်	bi: da' ku. la: dain
stampelle (f pl)	ချိုင်းထောက်	chain: dau'

analgesico (m)	အကိုက်အခဲပျောက်ဆေး	akai' akhe: pjau' hsei:
lassativo (m)	ဝမ်းနုတ်ဆေး	wan: hnou' hsei:
alcol (m)	အရက်ပျံ	aje' pjan
erba (f) officinale	ဆေးဖက်ဝင်အပင်များ	hsei: hpa' win apin mja:
d'erbe (infuso ~)	ဆေးဖက်ဝင်အပင်	hsei: hpa' win apin
	နှင့်ဆိုင်သော	hnin. zain de.

HABITAT UMANO

Città

53. Città. Vita di città

Italiano	Birmano	Traslitterazione
città (f)	မြို့	mjou.
capitale (f)	မြို့တော်	mjou. do
villaggio (m)	ရွာ	jwa
mappa (f) della città	မြို့လမ်းညွှန်မြေပုံ	mjou. lan hnjun mjei boun
centro (m) della città	မြို့လယ်ခေါင်	mjou. le gaun
sobborgo (m)	ဆင်ခြေဖုံးအရပ်	hsin gjei aja'
suburbano (agg)	ဆင်ခြေဖုံးအရပ်ဖြစ်သော	hsin gjei hpoun aja' hpa' te.
periferia (f)	မြို့စွန်	mjou. zun
dintorni (m pl)	ပတ်ဝန်းကျင်	pa' wun: gjin:
isolato (m)	စည်ကားရာမြို့လယ်နေရာ	si: ga: ja mjou. le nei ja
quartiere residenziale	လူနေရပ်ကွက်	lu nei ja' kwe'
traffico (m)	ယာဉ်အသွားအလာ	jin athwa: ala
semaforo (m)	မီးပွိုင့်	mi: bwain.
trasporti (m pl) urbani	ပြည်သူပိုင်ခရီးသွား ပို့ဆောင်ရေး	pji dhu bain gaji: dhwa: bou. zaun jei:
incrocio (m)	လမ်းဆုံ	lan: zoun
passaggio (m) pedonale	လူကူးမျဉ်းကြား	lu gu: mji: gja:
sottopassaggio (m)	မြေအောက်လမ်းကူး	mjei au' lan: gu:
attraversare (vt)	လမ်းကူးသည်	lan: gu: de
pedone (m)	လမ်းသွားလမ်းလာ	lan: dhwa: lan: la
marciapiede (m)	လူသွားလမ်း	lu dhwa: lan:
ponte (m)	တံတား	dada:
banchina (f)	ကမ်းနားတမံ	kan: na: da. man
fontana (f)	ရေပန်း	jei ban:
vialetto (m)	ရိပ်သာလမ်း	jei' tha lan:
parco (m)	ပန်းခြံ	pan: gjan
boulevard (m)	လမ်းငယ်	lan: ge
piazza (f)	ရင်ပြင်	jin bjin
viale (m), corso (m)	လမ်းမကြီး	lan: mi. gji:
via (f), strada (f)	လမ်း	lan:
vicolo (m)	လမ်းသွယ်	lan: dhwe
vicolo (m) cieco	လမ်းဆုံး	lan: zoun:
casa (f)	အိမ်	ein
edificio (m)	အဆောက်အဦ	ahsau' au
grattacielo (m)	မိုးမျှော်တိုက်	mou: hmjo tou'
facciata (f)	အိမ်ရှေ့နံရံ	ein shei. nan jan

tetto (m)	အမိုး	amou:
finestra (f)	ပြတင်းပေါက်	badin: pau'
arco (m)	မုခ်ဝ	mou' wa.
colonna (f)	တိုင်	tain
angolo (m)	ထောင့်	htaun.

vetrina (f)	ဆိုင်ရှေ့ပစ္စည်း အခင်းအကျင်း	hseun shei. bji' si: akhin: akjin:
insegna (f) (di negozi, ecc.)	ဆိုင်းဘုတ်	hsain: bou'
cartellone (m)	ပို့စတာ	pou sata
cartellone (m) pubblicitario	ကြော်ငြာပို့စတာ	kjo nja bou sata
tabellone (m) pubblicitario	ကြော်ငြာဆိုင်းဘုတ်	kjo nja zain: bou'

pattume (m), spazzatura (f)	အမှိုက်	ahmai'
pattumiera (f)	အမှိုက်ပုံး	ahmai' poun:
sporcare (vi)	လွှင့်ပစ်သည်	hlwin. bi' te
discarica (f) di rifiuti	အမှိုက်ပုံ	ahmai' poun

cabina (f) telefonica	တယ်လီဖုန်းဆက်ရန်နေရာ	te li hpoun: ze' jan nei ja
lampione (m)	လမ်းမီး	lan: mi:
panchina (f)	ခုံတန်းရှည်	khoun dan: shei

poliziotto (m)	ရဲ	je:
polizia (f)	ရဲ	je:
mendicante (m)	သူတောင်းစား	thu daun: za:
barbone (m)	အိမ်ယာမဲ့	ein ja me.

54. Servizi cittadini

negozio (m)	ဆိုင်	hsain
farmacia (f)	ဆေးဆိုင်	hsei: zain
ottica (f)	မျက်မှန်ဆိုင်	mje' hman zain
centro (m) commerciàle	ဈေးဝင်စင်တာ	zei: wun zin da
supermercato (m)	ကုန်တိုက်ကြီး	koun dou' kji:

panetteria (f)	မုန့်တိုက်	moun. dai'
fornaio (m)	ပေါင်မုန့်ဖုတ်သူ	paun moun. bou' dhu
pasticceria (f)	မုန့်ဆိုင်	moun. zain
drogheria (f)	ကုန်စုံဆိုင်	koun zoun zain
macelleria (f)	အသားဆိုင်	atha: ain

fruttivendolo (m)	ဟင်းသီးဟင်းရွက်ဆိုင်	hin: dhi: hin: jwe' hsain
mercato (m)	ဈေး	zei:

caffè (m)	ကော်ဖီဆိုင်	ko hpi zain
ristorante (m)	စားသောက်ဆိုင်	sa: thau' hsain
birreria (f), pub (m)	ဘီယာဆိုင်	bi ja zain:
pizzeria (f)	ပီဇာမုန့်ဆိုင်	pi za moun. zain

salone (m) di parrucchiere	ဆံပင်ညှပ်ဆိုင်	zain hnja' hsain
ufficio (m) postale	စာတိုက်	sa dai'
lavanderia (f) a secco	အဝတ်အခြောက်လျှော်လုပ်ငန်း	awu' achou' hlo: lou' ngan:
studio (m) fotografico	ဓာတ်ပုံရိုက်ခန်း	da' poun jai' khan:
negozio (m) di scarpe	ဖိနပ်ဆိုင်	hpana' sain

libreria (f)	စာအုပ်ဆိုင်	sa ou' hsain
negozio (m) sportivo	အားကစားပစ္စည်းဆိုင်	a: gaza: pji' si: zain
riparazione (f) di abiti	စက်ပြင်ဆိုင်	se' pjin zain
noleggio (m) di abiti	ဝတ်စုံအငှားဆိုင်	wa' zoun ahnga: zain
noleggio (m) di film	အခွေငှားဆိုင်	akhwei hnga: zain:
circo (m)	ဆပ်ကပ်	hsa' ka'
zoo (m)	တိရစ္ဆာန်ဥယျာဉ်	tharei' hsan u. jin
cinema (m)	ရုပ်ရှင်ရုံ	jou' shin joun
museo (m)	ပြတိုက်	pja. dai'
biblioteca (f)	စာကြည့်တိုက်	sa gji. dai'
teatro (m)	ကဇာတ်ရုံ	ka. za' joun
teatro (m) dell'opera	အော်ပရာဇာတ်ရုံ	o pa ra za' joun
locale notturno (m)	နိုက်ကလပ်	nai' ka. la'
casinò (m)	လောင်းကစားရုံ	laun: gaza: joun
moschea (f)	ဗလီ	bali
sinagoga (f)	ဂျူးဘုရား ရှိုးကျောင်း	ja. hu di bu. ja: shi. gou: gjaun:
cattedrale (f)	ဘုရားရှိခိုးကျောင်းတော်	hpaja: gjaun: do:
tempio (m)	ဘုရားကျောင်း	hpaja: gjaun:
chiesa (f)	ဘုရားကျောင်း	hpaja: gjaun:
istituto (m)	တက္ကသိုလ်	te' kathou
università (f)	တက္ကသိုလ်	te' kathou
scuola (f)	စာသင်ကျောင်း	sa dhin gjaun:
prefettura (f)	စီရင်စုနယ်	si jin zu. ne
municipio (m)	မြို့တော်ခန်းမ	mjou. do gan: ma.
albergo, hotel (m)	ဟိုတယ်	hou te
banca (f)	ဘဏ်	ban
ambasciata (f)	သံရုံး	than joun:
agenzia (f) di viaggi	ခရီးသွားလုပ်ငန်း	khaji: thwa: lou' ngan:
ufficio (m) informazioni	သတင်းအချက်အလက်ဌာန	dhadin: akje' ale' hta. na.
ufficio (m) dei cambi	ငွေလဲရန်နေရာ	ngwei le: jan nei ja
metropolitana (f)	မြေအောက်ဥမင်လမ်း	mjei au' u. min lan:
ospedale (m)	ဆေးရုံ	hsei: joun
distributore (m) di benzina	ဆီဆိုင်	hsi: zain
parcheggio (m)	ကားပါကင်	ka: pa kin

55. Cartelli

insegna (f) (di negozi, ecc.)	ဆိုင်းဘုတ်	hsain: bou'
iscrizione (f)	သတိပေးစာ	dhadi. pei: za
cartellone (m)	ပိုစတာ	pou sata
segnale (m) di direzione	လမ်းညွှန်	lan: hnjun
freccia (f)	လမ်းညွှန်မြား	lan: hnjun hmja:
avvertimento (m)	သတိပေးရှင်း	dhadi. pei: gjin:
avviso (m)	သတိပေးချက်	dhadi. pei: gje'

avvertire, avvisare (vt)	သတိပေးသည်	dhadi. pei: de
giorno (m) di riposo	ရုံးပိတ်ရက်	joun: bei' je'
orario (m)	အချိန်ဇယား	achein zaja:
orario (m) di apertura	ဖွင့်ချိန်	hpwin. gjin
BENVENUTI!	ကြိုဆိုပါသည်	kjou hsou ba de
ENTRATA	ဝင်ပေါက်	win bau'
USCITA	ထွက်ပေါက်	htwe' pau'
SPINGERE	တွန်းသည်	tun: de
TIRARE	ဆွဲသည်	hswe: de
APERTO	ဖွင့်သည်	hpwin. de
CHIUSO	ပိတ်သည်	pei' te
DONNE	အမျိုးသမီးသုံး	amjou: dhami: dhoun:
UOMINI	အမျိုးသားသုံး	amjou: dha: dhoun:
SCONTI	လျှော့ဈေး	sho. zei:
SALDI	လျှော့ဈေး	sho. zei:
NOVITÀ!	အသစ်	athi'
GRATIS	အခမဲ့	akha me.
ATTENZIONE!	သတိ	thadi.
COMPLETO	အလွတ်မရှိ	alu' ma shi.
RISERVATO	ကြိုတင်မှာယူထားပြီး	kjou tin hma ju da: bji:
AMMINISTRAZIONE	စီမံအုပ်ချုပ်ခြင်း	si man ou' chou' chin:
RISERVATO AL PERSONALE	အမှုထမ်းအတွက်အသာ	ahmu. htan: atwe' atha
ATTENTI AL CANE	ခွေးကိုက်တတ်သည်	khwei: kai' ta' te
VIETATO FUMARE!	ဆေးလိပ်မသောက်ရ	hsei: lei' ma. dhau' ja.
NON TOCCARE	မထိရ	ma. di. ja.
PERICOLOSO	အန္တရာယ်ရှိသည်	an dare shi. de.
PERICOLO	အန္တရာယ်	an dare
ALTA TENSIONE	ဗို့အားပြင်း	bou. a: bjin:
DIVIETO DI BALNEAZIONE	ရေမကူးရ	jei ma. gu: ja.
GUASTO	ပျက်နေသည်	pje' nei de
INFIAMMABILE	မီးလောင်တတ်သည်	mi: laun da' te
VIETATO	တားမြစ်သည်	ta: mji' te
VIETATO L'INGRESSO	မကျူးကျော်ရ	ma. gju: gjo ja
VERNICE FRESCA	ဆေးမခြောက်သေး	hsei: ma. gjau' dhei:

56. Mezzi pubblici in città

autobus (m)	ဘတ်စ်ကား	ba's ka:
tram (m)	ဓာတ်ရထား	da' ja hta:
filobus (m)	ဓာတ်ကား	da' ka:
itinerario (m)	လမ်းကြောင်း	lan: gjaun:
numero (m)	ကားနံပါတ်	ka: nan ba'
andare in ...	ယဉ်စီးသည်	jin zi: de
salire (~ sull'autobus)	ထိုင်သည်	htain de

Italiano	Birmano	Traslitterazione
scendere da ...	ကားပေါ်မှဆင်းသည်	ka: bo hma. zin: de
fermata (f) (~ dell'autobus)	မှတ်တိုင်	hma' tain
prossima fermata (f)	နောက်မှတ်တိုင်	nau' hma' tain
capolinea (m)	အဆုံးမှတ်တိုင်	ahsoun: hma' tain
orario (m)	အချိန်ဇယား	achein zaja:
aspettare (vt)	စောင့်သည်	saun. de

| biglietto (m) | လက်မှတ် | le' hma' |
| prezzo (m) del biglietto | ယာဉ်စီးခ | jin zi: ga. |

cassiere (m)	ငွေကိုင်	ngwei gain
controllo (m) dei biglietti	လက်မှတ်စစ်ဆေးခြင်း	le' hma' ti' hsei: chin
bigliettaio (m)	လက်မှတ်စစ်ဆေးသူ	le' hma' ti' hsei: dhu:

essere in ritardo	နောက်ကျသည်	nau' kja. de
perdere (~ il treno)	ကားနောက်ကျသည်	ka: nau' kja de
avere fretta	အမြန်လုပ်သည်	aman lou' de

taxi (m)	တက္ကစီ	te' kasi
taxista (m)	တက္ကစီမောင်းသူ	te' kasi maun: dhu
in taxi	တက္ကစီဖြင့်	te' kasi hpjin.
parcheggio (m) di taxi	တက္ကစီရပ်	te' kasi zu. ja'
chiamare un taxi	တက္ကစီခေါ်သည်	te' kasi go de
prendere un taxi	တက္ကစီငှားသည်	te' kasi hnga: de

traffico (m)	ယာဉ်အသွားအလာ	jin athwa: ala
ingorgo (m)	ယာဉ်ကြောပိတ်ဆို့မှု	jin gjo: bei' hsou. hmu.
ore (f pl) di punta	အလုပ်ဆင်းချိန်	alou' hsin: gjain
parcheggiarsi (vr)	ယာဉ်ရပ်နားရန်နေရာယူသည်	jin ja' na: jan nei ja ju de
parcheggiare (vt)	ကားအားပါကင်ထိုးသည်	ka: a: pa kin dou: de
parcheggio (m)	ပါကင်	pa gin

metropolitana (f)	မြေအောက်ဥမင်လမ်း	mjei au' u. min lan:
stazione (f)	ဘူတာရုံ	bu da joun
prendere la metropolitana	မြေအောက်ရထားဖြင့်သွားသည်	mjei au' ja. da: bjin. dhwa: de
treno (m)	ရထား	jatha:
stazione (f) ferroviaria	ရထားဘူတာရုံ	jatha: buda joun

57. Visita turistica

monumento (m)	ရုပ်တု	jou' tu.
fortezza (f)	ခံတပ်ကြီး	khwan da' kji:
palazzo (m)	နန်းတော်	nan do
castello (m)	ရဲတိုက်	je: dai'
torre (f)	မျှော်စင်	hmjo zin
mausoleo (m)	ဂူဗိမာန်	gu bi. man

architettura (f)	ဗိသုကာပညာ	bi. thu. ka pjin nja
medievale (agg)	အလယ်ခေတ်နှင့်ဆိုင်သော	ale khei' hnin. zain de.
antico (agg)	ရှေးကျသော	shei: gja. de
nazionale (agg)	အမျိုးသားနှင့်ဆိုင်သော	amjou: dha: hnin. zain de.
famoso (agg)	နာမည်ကြီးသော	na me gji: de.
turista (m)	ကမ္ဘာလှည့်ခရီးသည်	ga ba hli. kha. ji: de
guida (f)	လမ်းညွှန်	lan: hnjun

escursione (f)	လေ့လာရေးခရီး	lei. la jei: gaji:
fare vedere	ပြသည်	pja. de
raccontare (vt)	ပြောပြသည်	pjo: bja. de
trovare (vt)	ရှာတွေ့သည်	sha dwei. de
perdersi (vr)	ပျောက်သည်	pjau' te
mappa (f)	မြေပုံ	mjei boun
(~ della metropolitana)		
piantina (f) (~ della città)	မြေပုံ	mjei boun
souvenir (m)	အမှတ်တရလက်ဆောင်ပစ္စည်း	ahma' ta ra le' hsaun pji' si:
negozio (m) di articoli da regalo	လက်ဆောင်ပစ္စည်းဆိုင်	le' hsaun pji' si: zain
fare foto	ဓာတ်ပုံရိုက်သည်	da' poun jai' te
fotografarsi	ဓာတ်ပုံရိုက်သည်	da' poun jai' te

58. Acquisti

comprare (vt)	ဝယ်သည်	we de
acquisto (m)	ဝယ်စရာ	we zaja
fare acquisti	ဈေးဝယ်ထွက်ခြင်း	zei: we htwe' chin:
shopping (m)	ရှော့ပင်း	sho. bin:
essere aperto (negozio)	ဆိုင်ဖွင့်သည်	hsain bwin. de
essere chiuso	ဆိုင်ပိတ်သည်	hseun bi' te
calzature (f pl)	ဖိနပ်	hpana'
abbigliamento (m)	အဝတ်အစား	awu' aza:
cosmetica (f)	အလှကုန်ပစ္စည်း	ahla. koun pji' si:
alimentari (m pl)	စားသောက်ကုန်	sa: thau' koun
regalo (m)	လက်ဆောင်	le' hsaun
commesso (m)	ရောင်းသူ	jaun: dhu
commessa (f)	ရောင်းသူ	jaun: dhu
cassa (f)	ငွေရှင်းရန်နေရာ	ngwei shin: jan nei ja
specchio (m)	မှန်	hman
banco (m)	ကောင်တာ	kaun da
camerino (m)	အဝတ်လဲခန်း	awu' le: gan:
provare (~ un vestito)	တိုင်းကြည့်သည်	tain: dhi. de
stare bene (vestito)	သင့်တော်သည်	thin. do de
piacere (vi)	ကြိုက်သည်	kjai' de
prezzo (m)	ဈေးနှုန်း	zei: hnan:
etichetta (f) del prezzo	ဈေးနှုန်းကတ်ပြား	zei: hnan: ka' pja:
costare (vt)	ကုန်ကျသည်	koun mja. de
Quanto?	ဘယ်လောက်လဲ	be lau' le:
sconto (m)	လျှော့ဈေး	sho. zei:
no muy caro (agg)	ဈေးမကြီးသော	zei: ma. kji: de.
a buon mercato	ဈေးပေါသော	zei: po: de.
caro (agg)	ဈေးကြီးသော	zei: kji: de.
È caro	ဒါဈေးကြီးတယ်	da zei: gji: de

noleggio (m)	ငှားရမ်းခြင်း	hna: jan: chin:
noleggiare (~ un abito)	ငှားရမ်းသည်	hna: jan: de
credito (m)	အကြွေးစနစ်	akjwei: sani'
a credito	အကြွေးစနစ်ဖြင့်	akjwei: sa ni' hpjin.

59. Denaro

soldi (m pl)	ပိုက်ဆံ	pai' hsan
cambio (m)	လဲလှယ်ခြင်း	le: hle gjin:
corso (m) di cambio	ငွေလဲနှုန်း	ngwei le: hnan:
bancomat (m)	အလိုအလျောက်ငွေထုတ်စက်	alou aljau' ngwei htou' se'
moneta (f)	အကြွေစေ့	akjwei zei.
dollaro (m)	ဒေါ်လာ	do la
euro (m)	ယူရို	ju rou
lira (f)	အီတလီ လိုင်ရာငွေ	ita. li lain ja ngwei
marco (m)	ဂျာမန်မတ်ငွေ	gja man ma' ngwei
franco (m)	ဖရန့်	hpa. jan.
sterlina (f)	စတာလင်ပေါင်	sata lin baun
yen (m)	ယန်း	jan:
debito (m)	အကြွေး	akjwei:
debitore (m)	မြီစား	mji za:
prestare (~ i soldi)	ချေးသည်	chei: de
prendere in prestito	အကြွေးယူသည်	akjwei: ju de
banca (f)	ဘဏ်	ban
conto (m)	ငွေစာရင်း	ngwei za jin:
versare (vt)	ထည့်သည်	hte de.
versare sul conto	ငွေသွင်းသည်	ngwei dhwin: de
prelevare dal conto	ငွေထုတ်သည်	ngwei dou' te
carta (f) di credito	အကြွေးဝယ်ကဒ်ပြား	akjwei: we ka' pja
contanti (m pl)	လက်ငင်း	le' ngin:
assegno (m)	ချက်	che'
emettere un assegno	ချက်ရေးသည်	che' jei: de
libretto (m) di assegni	ချက်စာအုပ်	che' sa ou'
portafoglio (m)	ပိုက်ဆံအိတ်	pai' hsan ei'
borsellino (m)	ပိုက်ဆံအိတ်	pai' hsan ei'
cassaforte (f)	မီးခံသေတ္တာ	mi: gan dhi' ta
erede (m)	အမွေစားအမွေခံ	amwei za: amwei gan
eredità (f)	အမွေဆက်ခံခြင်း	amwei ze' khan gjin:
fortuna (f)	အခွင့်အလမ်း	akhwin. alan:
affitto (m), locazione (f)	အိမ်ငှား	ein hnga:
canone (m) d'affitto	အခန်းငှားခ	akhan: hnga: ga
affittare (dare in affitto)	ငှားသည်	hnga: de
prezzo (m)	ဈေးနှုန်း	zei: hnan:
costo (m)	ကုန်ကျစရိတ်	koun gja. za. ji'
somma (f)	ပေါင်းလဒ်	paun: la'

spendere (vt)	သုံးစွဲသည်	thoun: zwe: de
spese (f pl)	စရိတ်စက	zaei' zaga.
economizzare (vi, vt)	ချွေတာသည်	chwei da de
economico (agg)	တွက်ခြေကိုက်သော	twe' chei kai' te.
pagare (vi, vt)	ပေးချေသည်	pei: gjei de
pagamento (m)	ပေးချေသည့်ငွေ	pei: gjei de. ngwei
resto (m) (dare il ~)	ပြန်အမ်းငွေ	pjan an: ngwe
imposta (f)	အခွန်	akhun
multa (f), ammenda (f)	ဒက်ငွေ	dan ngwei
multare (vt)	ဒက်ရိုက်သည်	dan jai' de

60. Posta. Servizio postale

ufficio (m) postale	စာတိုက်	sa dai'
posta (f) (lettere, ecc.)	မေးလ်	mei: l
postino (m)	စာပို့သမား	sa bou. dhama:
orario (m) di apertura	ဖွင့်ချိန်	hpwin. gjin
lettera (f)	စာ	sa
raccomandata (f)	မှတ်ပုံတင်ပြီးသောစာ	hma' poun din bji: dho: za:
cartolina (f)	ပို့စကတ်	pou. sa. ka'
telegramma (m)	ကြေးနန်း	kjei: nan:
pacco (m) postale	ပါဆယ်	pa ze
vaglia (m) postale	ငွေလွှဲခြင်း	ngwei hlwe: gjin:
ricevere (vt)	လက်ခံရရှိသည်	le' khan ja. shi. de
spedire (vt)	ပို့သည်	pou. de
invio (m)	ပို့ခြင်း	pou. gjin:
indirizzo (m)	လိပ်စာ	lei' sa
codice (m) postale	စာပို့သင်္ကေတ	sa bou dhin kei ta.
mittente (m)	ပို့သူ	pou. dhu
destinatario (m)	လက်ခံသူ	le' khan dhu
nome (m)	အမည်	amji
cognome (m)	မိသားစု မျိုးရိုးနာမည်	mi. dha: zu. mjou: jou: na mji
tariffa (f)	စာပို့ နှုန်းထား	sa bou. kha. hnan: da:
ordinario (agg)	စံနှုန်းသတ်မှတ်ထားသော	san hnoun: dha' hma' hta: de.
standard (agg)	ကုန်ကျငွေသက်သာသော	koun gja ngwe dhe' dha de.
peso (m)	အလေးချိန်	alei: gjein
pesare (vt)	ချိန်သည်	chein de
busta (f)	စာအိတ်	sa ei'
francobollo (m)	တံဆိပ်ခေါင်း	da zei' khaun:
affrancare (vt)	တံဆိပ်ခေါင်းကပ်သည်	da zei' khaun: ka' te

Abitazione. Casa

61. Casa. Elettricità

elettricità (f)	လျှပ်စစ်ဓာတ်အား	hlja' si' da' a:
lampadina (f)	မီးသီး	mi: dhi:
interruttore (m)	ခလုတ်	khalou'
fusibile (m)	ဖျူးစ်	hpju: s
filo (m)	ဝိုင်ယာကြိုး	wain ja gjou:
impianto (m) elettrico	လျှပ်စစ်ကြိုးသွယ်တန်းမှု	hlja' si' kjou: dhwe dan: hmu
contatore (m) dell'elettricità	လျှပ်စစ်မီတာ	hlja' si' si da
lettura, indicazione (f)	ပြသောပမာဏ	pja. dho: ba ma na.

62. Villa. Palazzo

casa (f) di campagna	တောအိမ်	to: ein
villa (f)	ကမ်းခြေအပန်းဖြေအိမ်	kan: gjei apan: hpjei ein
ala (f)	တံစက်မြိတ်	toun ze' mei'
giardino (m)	ဥယျာဉ်	u. jin
parco (m)	ပန်းရံ	pan: gjan
serra (f)	ဖန်လုံအိမ်	hpan ain
prendersi cura (~ del giardino)	ပြုစုစောင့်ရှောက်သည်	pju. zu. zaun. shau' te
piscina (f)	ရေကူးကန်	jei ku: gan
palestra (f)	အိမ်တွင်း ကျန်းမာ ရေးလေ့ကျင့်ရုံ	ein dwin: gjan: ma jei: lei. gjin. joun
campo (m) da tennis	တင်းနစ်ကွင်း	tin: ni' kwin:
home cinema (m)	အိမ်တွင်း ရုပ်ရှင်ရုံ	ein dwin: jou' shin joun
garage (m)	ဂိုဒေါင်	gou daun
proprietà (f) privata	တသီးပုဂ္ဂလိက ပိုင်ဆိုင်မှုပစ္စည်း	tadhi: pou' ga li ka. bain: zain mjei pji' si:
terreno (m) privato	တသီးပုဂ္ဂလိကပိုင်နယ်မြေ	tadhi: pou' ga li ka. bain: mjei
avvertimento (m)	သတိပေးချက်	dhadi. pei: gje'
cartello (m) di avvertimento	သတိပေးဆိုင်းပုဒ်	dhadi. pei: zain: bou'
sicurezza (f)	လုံခြုံရေး	loun gjoun jei:
guardia (f) giurata	လုံခြုံရေးအစောင့်	loun gjoun jei: asaun.
allarme (f) antifurto	သူခိုးလှန့်ခေါင်းလောင်း	thu khou: hlan. khaun: laun:

63. Appartamento

appartamento (m)	တိုက်ခန်း	tai' khan:
camera (f), stanza (f)	အခန်း	akhan:

camera (f) da letto	အိပ်ခန်း	ei' khan:
sala (f) da pranzo	ထမင်းစားခန်း	htamin: za: gan:
salotto (m)	ဧည့်ခန်း	e. gan:
studio (m)	အိမ်တွင်းရုံးခန်းလေး	ein dwin: joun: gan: lei
ingresso (m)	ဝင်ပေါက်	win bau'
bagno (m)	ရေချိုးခန်း	jei gjou gan:
gabinetto (m)	အိမ်သာ	ein dha
soffitto (m)	မျက်နှာကြက်	mje' hna gje'
pavimento (m)	ကြမ်းပြင်	kan: pjin
angolo (m)	ထောင့်	htaun.

64. Arredamento. Interno

mobili (m pl)	ပရိဘောဂ	pa ri. bo: ga.
tavolo (m)	စားပွဲ	sa: bwe:
sedia (f)	ကုလားထိုင်	kala; dain
letto (m)	ကုတင်	ku din
divano (m)	ဆိုဖာ	hsou hpa
poltrona (f)	လက်တင်ပါသောကုလားထိုင်	le' tin ba dho: ku. la: dain
libreria (f)	စာအုပ်စင်	sa ou' sin
ripiano (m)	စင်	sin
armadio (m)	ဗီရို	bi jou
attaccapanni (m) da parete	နံရံကပ်အဝတ်ချိတ်စင်	nan jan ga' awu' gei' zin
appendiabiti (m) da terra	အဝတ်ချိတ်စင်	awu' gjei' sin
comò (m)	အံဆွဲပါ မှန်တင်ခုံ	an. zwe: pa hman din khoun
tavolino (m) da salotto	စားပွဲပု	sa: bwe: bu.
specchio (m)	မှန်	hman
tappeto (m)	ကော်ဇော	ko zo:
tappetino (m)	ကော်ဇော	ko zo:
camino (m)	မီးလင်းဖို	mi: lin: bou
candela (f)	ဖယောင်းတိုင်	hpa. jaun dain
candeliere (m)	ဖယောင်းတိုင်စိုက်သောတိုင်	hpa. jaun dain zou' tho dain
tende (f pl)	ခန်းဆီးရှည်	khan: zi: shei
carta (f) da parati	နံရံကပ်စတ္တာ	nan jan ga' se' ku
tende (f pl) alla veneziana	ယင်းဖိုင်	jin: lei'
lampada (f) da tavolo	စားပွဲတင်မီးအိမ်	sa: bwe: din mi: ein
lampada (f) da parete	နံရံကပ်မီး	nan jan ga' mi:
lampada (f) a stelo	မတ်တပ်မီးစလောင်း	ma' ta' mi: za. laun:
lampadario (m)	မီးပန်းဆိုင်း	mi: ban: zain:
gamba (f)	ခြေထောက်	chei htau'
bracciolo (m)	လက်တန်း	le' tan:
spalliera (f)	နောက်မှီ	nau' mi
cassetto (m)	အံဆွဲ	an. zwe:

65. Biancheria da letto

biancheria (f) da letto	အိပ်ရာခင်းများ	ei' ja khin: mja:
cuscino (m)	ခေါင်းအုံး	gaun: oun:
federa (f)	ခေါင်းအုံးစွပ်	gaun: zu'
coperta (f)	စောင်	saun
lenzuolo (m)	အိပ်ရာခင်း	ei' ja khin:
copriletto (m)	အိပ်ရာဖုံး	ei' ja hpoun:

66. Cucina

cucina (f)	မီးဖိုခန်း	mi: bou gan:
gas (m)	ဓာတ်ငွေ့	da' ngwei.
fornello (m) a gas	ဂတ်စ်မီးဖို	ga' s mi: bou
fornello (m) elettrico	လျှပ်စစ်မီးဖို	hlja' si' si: bou
forno (m)	မုန့်ဖုတ်ရန်ဖို	moun. bou' jan bou
forno (m) a microonde	မိုက်ခရိုဝေ့ဗ်	mou' kha. jou wei. b
frigorifero (m)	ရေခဲသေတ္တာ	je ge: dhi' ta
congelatore (m)	ရေခဲခန်း	jei ge: gan:
lavastoviglie (f)	ပန်းကန်ဆေးစက်	bagan: zei: ze'
tritacarne (m)	အသားကြိတ်စက်	atha: kjei za'
spremifrutta (m)	အသီးဖျော်စက်	athi: hpjo ze'
tostapane (m)	ပေါင်မုန့်ကင်စက်	paun moun. gin ze'
mixer (m)	မွှေစက်	hmwei ze'
macchina (f) da caffè	ကော်ဖီဖျော်စက်	ko hpi hpjo ze'
caffettiera (f)	ကော်ဖီအိုး	ko hpi ou:
macinacaffè (m)	ကော်ဖီကြိတ်စက်	ko hpi kjei ze'
bollitore (m)	ရေနွေးကရားအိုး	jei nwei: gaja: ou:
teiera (f)	လက်ဘက်ရည်အိုး	le' be' ji ou:
coperchio (m)	အိုးအဖုံး	ou: ahpoun:
colino (m) da tè	လက်ဖက်ရည်စစ်	le' hpe' ji zi'
cucchiaio (m)	ဇွန်း	zun:
cucchiaino (m) da tè	လက်ဖက်ရည်ဇွန်း	le' hpe' ji zwan:
cucchiaio (m)	အရည်သောက်ဇွန်း	aja: dhau' zun:
forchetta (f)	ခက်ရင်း	khajin:
coltello (m)	ဓား	da:
stoviglie (f pl)	အိုးခွက်ပန်းကန်	ou: kwe' pan: gan
piatto (m)	ပန်းကန်ပြား	bagan: bja:
piattino (m)	အောက်ခံပန်းကန်ပြား	au' khan ban: kan pja:
cicchetto (m)	ဖန်ခွက်	hpan gwe'
bicchiere (m) (~ d'acqua)	ဖန်ခွက်	hpan gwe'
tazzina (f)	ခွက်	khwe'
zuccheriera (f)	သကြားခွက်	dhagja: khwe'
saliera (f)	ဆားဘူး	hsa: bu:
pepiera (f)	ငြုတ်ကောင်းဘူး	njou' kaun: bu:

burriera (f)	ထောပတ်ခွက်	hto: ba' khwe'
pentola (f)	ပေါင်းအိုး	paun: ou:
padella (f)	ဟင်းကြော်အိုး	hin: gjo ou:
mestolo (m)	ဟင်းခပ်ဇွန်း	hin: ga' zun
colapasta (m)	ဆန်ခါ	zaga
vassoio (m)	လင်ပန်း	lin ban:
bottiglia (f)	ပုလင်း	palin:
barattolo (m) di vetro	ဖန်ဘူး	hpan bu:
latta, lattina (f)	သံဘူး	than bu:
apribottiglie (m)	ပုလင်းဖောက်တံ	pu. lin: bau' tan
apriscatole (m)	သံဘူးဖောက်တံ	than bu: bau' tan
cavatappi (m)	ဝက်အူဖောက်တံ	we' u bau' dan
filtro (m)	ရေစစ်	jei zi'
filtrare (vt)	စစ်သည်	si' te
spazzatura (f)	အမှိုက်	ahmai'
pattumiera (f)	အမှိုက်ပုံး	ahmai' poun:

67. Bagno

bagno (m)	ရေချိုးခန်း	jei gjou gan:
acqua (f)	ရေ	jei
rubinetto (m)	ရေပိုက်ခေါင်း	jei bai' khaun:
acqua (f) calda	ရေပူ	jei bu
acqua (f) fredda	ရေအေး	jei ei:
dentifricio (m)	သွားတိုက်ဆေး	thwa: tai' hsei:
lavarsi i denti	သွားတိုက်သည်	thwa: tai' te
spazzolino (m) da denti	သွားတိုက်တံ	thwa: tai' tan
rasarsi (vr)	ရိတ်သည်	jei' te
schiuma (f) da barba	မုတ်ဆိတ်ရိတ်ဆုံး ဆပ်ပြာမြှုပ်	mou' hsei jei' thoun: za' pja hmjou'
rasoio (m)	သင်တုန်းဓား	thin toun: da:
lavare (vt)	ဆေးသည်	hsei: de
fare un bagno	ရေချိုးသည်	jei gjou: de
doccia (f)	ရေပန်း	jei ban:
fare una doccia	ရေချိုးသည်	jei gjou: de
vasca (f) da bagno	ရေချိုးကန်	jei gjou: gan
water (m)	အိမ်သာ	ein dha
lavandino (m)	လက်ဆေးကန်	le' hsei: kan
sapone (m)	ဆပ်ပြာ	hsa' pja
porta (m) sapone	ဆပ်ပြာခွက်	hsa' pja gwe'
spugna (f)	ရေမြှုပ်	jei hmjou'
shampoo (m)	ခေါင်းလျှော်ရည်	gaun: sho je
asciugamano (m)	တဘက်	tabe'
accappatoio (m)	ရေချိုးခန်းဝတ်စုံ	jei gjou: gan: wu' soun
bucato (m)	အဝတ်လျှော်ခြင်း	awu' sho gjin

lavatrice (f)	အဝတ်လျှော်စက်	awu' sho ze'
fare il bucato	ဒိဘိလျှော်သည်	dou bi jo de
detersivo (m) per il bucato	အဝတ်လျှော်ဆပ်ပြာမှုန့်	awu' sho hsa' pja hmun.

68. Elettrodomestici

televisore (m)	ရုပ်မြင်သံကြားစက်	jou' mjin dhan gja: ze'
registratore (m) a nastro	အသံသွင်းစက်	athan dhwin: za'
videoregistratore (m)	ဗီဒီယိုပြစက်	bi di jou bja. ze'
radio (f)	ရေဒီယို	rei di jou
lettore (m)	ပလေယာစက်	pa. lei ja ze'
videoproiettore (m)	ဗီဒီယိုပရိုဂျက်တာ	bi di jou pa. jou gje' da
home cinema (m)	အိမ်တွင်းရုပ်ရှင်ခန်း	ein dwin: jou' shin gan:
lettore (m) DVD	ဒီဗီဒီပလေယာ	di bi di ba lei ja
amplificatore (m)	အသံချဲ့စက်	athan che. zek
console (f) video giochi	ဂိမ်းခလုတ်	gein: kha lou'
videocamera (f)	ဗွီဒီယိုကင်မရာ	bwi di jou kin ma. ja
macchina (f) fotografica	ကင်မရာ	kin ma. ja
fotocamera (f) digitale	ဒီဂျစ်တယ်ကင်မရာ	digji' te gin ma. ja
aspirapolvere (m)	ဖုန်စုပ်စက်	hpoun zou' se'
ferro (m) da stiro	မီးပူ	mi: bu
asse (f) da stiro	မီးပူတိုက်ရန်ခင်	mi: bu tai' jan zin
telefono (m)	တယ်လီဖုန်း	te li hpoun:
telefonino (m)	မိုဘိုင်းဖုန်း	mou bain: hpoun:
macchina (f) da scrivere	လက်နှိပ်စက်	le' hnei' se'
macchina (f) da cucire	အပ်ချုပ်စက်	a' chou' se'
microfono (m)	စကားပြောစွက်	zaga: bjo: gwe'
cuffia (f)	နားကြပ်	na: kja'
telecomando (m)	အဝေးထိန်းကိရိယာ	awei: htin: ki. ja. ja
CD (m)	ဗီဒီပြား	si di bja:
cassetta (f)	တိပ်ခွေ	tei' khwei
disco (m) (vinile)	ရှေးခေတ်သုံးတောပြား	shei: gi' thoun da' pja:

ATTIVITÀ UMANA

Lavoro. Affari. Parte 1

69. Ufficio. Lavorare in ufficio

uffici (m pl) (gli ~ della società)	ရုံး	joun:
ufficio (m)	ရုံးခန်း	joun: gan:
portineria (f)	ကြိုလိုလက်ခံရာနေရာ	kjou hsou le' khan ja nei ja
segretario (m)	အတွင်းရေးမှူး	atwin: jei: hmu:
segretaria (f)	အတွင်းရေးမှူးမ	atwin: jei: hmu: ma
direttore (m)	ဒါရိုက်တာ	da je' ta
manager (m)	မန်နေဂျာ	man nei gji
contabile (m)	စာရင်းကိုင်	sajin: gain
impiegato (m)	ဝန်ထမ်း	wun dan:
mobili (m pl)	ပရိဘောဂ	pa ri. bo: ga.
scrivania (f)	စားပွဲ	sa: bwe:
poltrona (f)	အလုပ်ထိုင်ခုံ	alou' htain goun
cassettiera (f)	အံဆွဲပါသောပရိဘောဂအစုံ	an. zwe: dho: pa. ji. bo: ga. soun
appendiabiti (m) da terra	ကုတ်အင်္ကျီချိတ်စင်	kou' akji gji' sin
computer (m)	ကွန်ပျူတာ	kun pju ta
stampante (f)	ပုံနှိပ်စက်	poun nei' se'
fax (m)	ဖက်စ်ကူးစက်	hpe's ku: ze'
fotocopiatrice (f)	ဓာတ်ပုံကူးစက်	da' poun gu: ze'
carta (f)	စက္ကူ	se' ku
cancelleria (f)	ရုံးသုံးကိရိယာများ	joun: dhoun: gi. ji. ja mja:
tappetino (m) del mouse	မောက်စ်အောက်ခံပြား	mau's au' gan bja:
foglio (m)	အရွက်	ajwa'
cartella (f)	ဖိုင်	hpain
catalogo (m)	စာရင်း	sajin:
elenco (m) del telefono	ဖုန်းလမ်းညွှန်	hpoun: lan: hnjun
documentazione (f)	မှတ်တမ်းတင်ခြင်း	hma' tan: din gjin:
opuscolo (m)	ကြော်ငြာစာစောင်	kjo nja za zaun
volantino (m)	လက်ကမ်းစာစောင်	le' kan: za zaun:
campione (m)	နမူနာ	na. mu na
formazione (f)	လေ့ကျင့်ရေးအစည်းအဝေး	lei. kjin. jei: asi: awei:
riunione (f)	အစည်းအဝေး	asi: awei:
pausa (f) pranzo	နေ့လည်စာစားချိန်	nei. le za za: gjein
copiare (vt)	မိတ္တူကူးသည်	mi' tu gu: de
fare copie	မိတ္တူကူးသည်	mi' tu gu: de
ricevere un fax	ဖက်စ်လက်ခံရရှိသည်	hpe's le' khan ja. shi. de

spedire un fax	ဖက်စ်ပို့သည်	hpe's pou. de
telefonare (vi, vt)	ဖုန်းဆက်သည်	hpoun: ze' te
rispondere (vi, vt)	ဖြေသည်	hpjei de
passare (glielo passo)	ဆက်သွယ်သည်	hse' thwe de
fissare (organizzare)	စီစဉ်သည်	si zin de
dimostrare (vt)	သရုပ်ပြသည်	thajou' pja. de
essere assente	ပျက်ကွက်သည်	pje' kwe' te
assenza (f)	ပျက်ကွက်ခြင်း	pje' kwe' chin

70. Operazioni d'affari. Parte 1

attività (f)	လုပ်ငန်း	lou' ngan:
occupazione (f)	လုပ်ဆောင်မှု	lou' hsaun hmu.
ditta (f)	စီးပွားရေးလုပ်ငန်း	si: bwa: jei: lou' ngan:
compagnia (f)	ကုမ္ပဏီ	koun pani
corporazione (f)	ကော်ပိုရေးရှင်း	ko bou jei: shin:
impresa (f)	စီးပွားရေးလုပ်ငန်း	si: bwa: jei: lou' ngan:
agenzia (f)	ကိုယ်စားလှယ်လုပ်ငန်း	kou za: hle lou' ngan:
accordo (m)	သဘောတူညီမှုစာချုပ်	dhabo: tu nji hmu. za gjou'
contratto (m)	ကန်ထရိုက်	kan ta jou'
affare (m)	အပေးအယူ	apei: aju
ordine (m) (ordinazione)	ကြိုတင်မှာယူခြင်း	kjou din hma ju chin:
termine (m) dell'accordo	စည်းကမ်းချက်	si: kan: gje'
all'ingrosso	လက်ကား	le' ka:
all'ingrosso (agg)	လက်ကားဖြစ်သော	le' ka: bji' te.
vendita (f) all'ingrosso	လက်ကားရောင်းချမှု	le' ka: jaun: gja. hmu.
al dettaglio (agg)	လက်လီစနစ်	le' li za. ni'
vendita (f) al dettaglio	လက်လီရောင်းချမှု	le' li jaun: gja. hmu.
concorrente (m)	ပြိုင်ဘက်	pjain be'
concorrenza (f)	ပြိုင်ဆိုင်မှု	pjain zain hmu
competere (vi)	ပြိုင်ဆိုင်သည်	pjain zain de
socio (m), partner (m)	စီးပွားဘက်	si: bwa: be'
partenariato (m)	စီးပွားဘက်ဖြစ်ခြင်း	si: bwa: be' bji' chin:
crisi (f)	အခက်အခဲကာလ	akhe' akhe: ga la.
bancarotta (f)	ဒေဝါလီခံရခြင်း	dei wa li gan ja gjin
fallire (vi)	ဒေဝါလီခံသည်	dei wa li gan de
difficoltà (f)	အခက်အခဲ	akhe' akhe:
problema (m)	ပြဿနာ	pjadhana
disastro (m)	ကပ်ဘေး	ka' bei:
economia (f)	စီးပွားရေး	si: bwa: jei:
economico (agg)	စီးပွားရေးနှင့်ဆိုင်သော	si: bwa: jei: hnin zain de.
recessione (f) economica	စီးပွားရေးကျဆင်းမှု	si: bwa: jei: gja zin: hmu.
scopo (m), obiettivo (m)	ပန်းတိုင်	pan: dain
incarico (m)	လုပ်ငန်းတာဝန်	lou' ngan: da wan
commerciare (vi)	ကုန်သွယ်သည်	koun dhwe de

rete (f) (~ di distribuzione)	ကွန်ရက်	kun je'
giacenza (f)	ပစ္စည်းစာရင်း	pji' si: za jin:
assortimento (m)	အပိုင်းအခြား	apain: acha:
leader (m), capo (m)	ခေါင်းဆောင်	gaun: zaun
grande (agg)	ကြီးမားသော	kji: ma: de.
monopolio (m)	တစ်ဦးတည်းချုပ်ကိုင်ထား	ti' u: te: gjou' kain da:
teoria (f)	သီအိုရီ	thi ou ji
pratica (f)	လက်တွေ့	le' twei.
esperienza (f)	အတွေ့အကြုံ	atwei. akjoun
tendenza (f)	ဦးတည်ရာ	u: ti ja
sviluppo (m)	ဖွံ့ဖြိုးတိုးတက်မှု	hpjun. bjou: dou: de' hmu.

71. Operazioni d'affari. Parte 2

profitto (m)	အကျိုးအမြတ်	akjou: amja'
profittevole (agg)	အကျိုးအမြတ်ရှိသော	akjou: amja' shi. de.
delegazione (f)	ကိုယ်စားလှယ်အဖွဲ့	kou za: hle ahpwe.
stipendio (m)	လစာ	la. za
correggere (vt)	အမှားပြင်သည်	ahma: pjin de
viaggio (m) d'affari	စီးပွားရေးခရီးစဉ်	si: bwa: jei: khaji: zin
commissione (f)	ကော်မရှင်	ko ma. shin
controllare (vt)	ထိန်းချုပ်သည်	htein: gjou' te
conferenza (f)	ဆွေးနွေးပွဲ	hswe: nwe: bwe:
licenza (f)	လိုင်စင်	lain zin
affidabile (agg)	ယုံကြည်စိတ်ချရသော	joun kji zei' cha. ja. de.
iniziativa (f) (progetto nuovo)	စတင်ခြင်း	sa. tin gjin:
norma (f)	စံနှုန်း	san hnoun:
circostanza (f)	အခြေအနေ	achei anei
mansione (f)	တာဝန်	ta wun
impresa (f)	အဖွဲ့အစည်း	ahpwe. asi:
organizzazione (f)	စီစဉ်ခြင်း	si zin gjin:
organizzato (agg)	စီစဉ်ထားသော	si zin dha de.
annullamento (m)	ပယ်ဖျက်ခြင်း	pe hpje' chin:
annullare (vt)	ပယ်ဖျက်သည်	pe hpje' te
rapporto (m) (~ ufficiale)	အစီရင်ခံစာ	asi jin gan za
brevetto (m)	မူပိုင်ခွင့်	mu bain gwin.
brevettare (vt)	မူပိုင်ခွင့်မှတ်ပုံတင်သည်	mu bain gwin. hma' poun din de
pianificare (vt)	စီစဉ်သည်	si zin de
premio (m)	အပိုဆုကြေး	apou zu. gjei:
professionale (agg)	ပညာရှင်အဆင့်တတ်ကျွမ်းသော	pjin nja ahsin da' kjwan: de.
procedura (f)	လုပ်ထုံးလုပ်နည်း	lou' htoun: lou' ne:
esaminare (~ un contratto)	စဉ်းစားသည်	sin: za: de
calcolo (m)	တွက်ချက်ခြင်း	twe' che' chin:
reputazione (f)	ဂုဏ်သတင်း	goun dha din:

Italiano	Birmano	Pronuncia
rischio (m)	စွန့်စားခြင်း	sun. za: gjin:
dirigere (~ un'azienda)	ညွှန်ကြားးသည်	hnjun gja: de
informazioni (f pl)	သတင်းအချက်အလက်	dhadin: akje' ale'
proprietà (f)	ပိုင်ဆိုင်မှု	pain zain hmu
unione (f) (~ Italiana Vini, ecc.)	အသင်း	athin:
assicurazione (f) sulla vita	အသက်အာမခံ	athe' ama. khan
assicurare (vt)	အာမခံသည်	a ma. gan de
assicurazione (f)	အာမခံ	a ma. khan
asta (f)	လေလံပွဲ	lei lan bwe:
avvisare (informare)	အကြောင်းကြားးသည်	akjaun: kja: de
gestione (f)	အုပ်ချုပ်မှု	ou' chou' hmu.
servizio (m)	ဝန်ဆောင်မှု	wun: zaun hmu.
forum (m)	ဖိုရမ်	hpou jan
funzionare (vi)	လည်ပတ်သည်	le ba' te
stadio (m) (fase)	အဆင့်	ahsin.
giuridico (agg)	ဥပဒေဆိုင်ရာ	u. ba. dei zain ja
esperto (m) legale	ရှေ့နေ	shei. nei

72. Attività produttiva. Lavori

Italiano	Birmano	Pronuncia
stabilimento (m)	စက်ရုံ	se' joun
fabbrica (f)	အလုပ်ရုံ	alou' joun
officina (f) di produzione	ဝပ်ရှော့	wu' sho.
stabilimento (m)	ထုတ်လုပ်ရာလုပ်ငန်းခွင်	htou' lou' ja lou' ngan: gwin
industria (f)	စက်မှုလုပ်ငန်း	se' hmu. lou' ngan:
industriale (agg)	စက်မှုလုပ်ငန်းနှင့်ဆိုင်သော	se' hmu. lou' ngan: hnin. zain de.
industria (f) pesante	အကြီးစားစက်မှုလုပ်ငန်း	akji: za: ze' hmu. lou' ngan:
industria (f) leggera	အသေးစားစက်မှုလုပ်ငန်း	athei: za: za' hmu. lou' ngan:
prodotti (m pl)	ထုတ်ကုန်	htou' koun
produrre (vt)	ထုတ်လုပ်သည်	tou' lou' te
materia (f) prima	ကုန်ကြမ်း	koun gjan:
caposquadra (m)	အလုပ်သမားခေါင်း	alou' dha ma: gaun:
squadra (f)	အလုပ်သမားအဖွဲ့	alou' dha ma: ahpwe.
operaio (m)	အလုပ်သမား	alou' dha ma:
giorno (m) lavorativo	ရုံးဖွင့်ရက်	joun: hpwin je'
pausa (f)	ရပ်နားခြင်း	ja' na: gjin:
riunione (f)	အစည်းအဝေး	asi: awei:
discutere (~ di un problema)	ဆွေးနွေးသည်	hswe: nwe: de
piano (m)	အစီအစဉ်	asi asin
eseguire il piano	အကောင်အထည်ဖော်သည်	akaun ahte bo de
tasso (m) di produzione	ကုန်ထုတ်နှုန်း	koun dou' hnan:
qualità (f)	အရည်အသွေး	aji athwei:
controllo (m)	စစ်ဆေးခြင်း	si' hsei: gjin:
controllo (m) di qualità	အရည်အသွေးစစ်ဆေးသုံးသပ်မှု	aji athwei: za' hsei: thon dha' hma

Italiano	Birmano	Traslitterazione
sicurezza (f) sul lavoro	လုပ်ငန်းခွင်လုံ ခြုံ	lou' ngan: gwin loun gjun hmu.
disciplina (f)	စည်းကမ်း	si: kan:
infrazione (f)	ချိုးဖောက်ခြင်း	chou: hpau' chin:
violare (~ le regole)	ချိုးဖောက်သည်	chou: hpau' te
sciopero (m)	သပိတ်မှောက်ခြင်း	thabei' hmau' chin:
scioperante (m)	သပိတ်မှောက်သူ	thabei' hmau' thu
fare sciopero	သပိတ်မှောက်သည်	thabei' hmau' te
sindacato (m)	အလုပ်သမားသမဂ္ဂ	alou' dha ma: dha. me' ga
inventare (vt)	တီထွင်သည်	ti htwin de
invenzione (f)	တီထွင်မှု	ti htwin hmu.
ricerca (f)	သုတေသန	thu. tei thana
migliorare (vt)	တိုးတက်ကောင်းမွန်စေသည်	tou: te' kaun: mun zei de
tecnologia (f)	နည်းပညာ	ne: bi nja
disegno (m) tecnico	နည်းပညာဆိုင်ရာပုံကြမ်း	ne bi nja zain ja boun gjan:
carico (m)	ဝန်	wun
caricatore (m)	ကုန်ထမ်းသမား	koun din dhama:
caricare (~ un camion)	ကုန်တင်သည်	koun din de
caricamento (m)	ကုန်တင်ခြင်း	koun din gjin
scaricare (vt)	ကုန်ချသည်	koun gja de
scarico (m)	ကုန်ချခြင်း	koun gja gjin:
trasporto (m)	သယ်ယူပို့ဆောင်ရေး	the ju bou. zaun jei:
società (f) di trasporti	သယ်ယူပို့ဆောင်ရေး ကုမ္ပဏီ	the ju bou. zaun jei: koun pa. ni
trasportare (vt)	ပို့ဆောင်သည်	pou. zaun de
vagone (m) merci	တွဲ	twe:
cisterna (f)	တိုင်ကီ	tain ki
camion (m)	ကုန်တင်ကား	koun din ka:
macchina (f) utensile	ဖြတ်စက်	hpja' se'
meccanismo (m)	စက်ကိရိယာ	se' kari. ja
rifiuti (m pl) industriali	စက်ရုံစွန့်ပစ်ပစ္စည်း	se' joun zun bi' pji' si:
imballaggio (m)	ထုတ်ပိုးမှု	htou' pou: hmu.
imballare (vt)	ထုတ်ပိုးသည်	htou' pou: de

73. Contratto. Accordo

Italiano	Birmano	Traslitterazione
contratto (m)	ကန်ထရိုက်	kan ta jou'
accordo (m)	သဘောတူညီမှု	dhabo: tu nji hmu.
allegato (m)	ပူးတွဲ	pu: twe:
firmare un contratto	သဘောတူစာချုပ်ချုပ်သည်	dhabo: tu za gjou' gjou' te
firma (f)	လက်မှတ်	le' hma'
firmare (vt)	လက်မှတ်ထိုးသည်	le' hma' htou: de
timbro (m) (su documenti)	တံဆိပ်	da zei'
oggetto (m) del contratto	သဘောတူညီမှု-အကြောင်းအရာ	dhabo: tu nji hmu. akjaun: aja
clausola (f)	အပိုဒ်ငယ်	apai' nge

parti (f pl) (in un contratto)	စာချုပ်ပါအဖွဲ့များ	sa gjou' pa ahpwe. mja:
sede (f) legale	တရား:ဝင်နေရပ်လိပ်စာ	taja: win nei ja' lei' sa
sciogliere un contratto	သဘောတူညီမှု ချိုးဖောက်သည်	dhabo: tu nji hmu. gjou: bau' te
obbligo (m)	အထူးသဖြင့်	a htu: dha. hjin.
responsabilità (f)	တာဝန်ဝတ္တရား:	ta wun wu' taja:
forza (f) maggiore	မလွန်ဆန်နိုင်သောအဖြစ်	ma. lun zan nain de. ahpji'
discussione (f)	အငြင်းအခုံ	anjin: akhoun
sanzioni (f pl)	ပြစ်ဒက်များ	pji' dan mja:

74. Import-export

importazione (f)	သွင်းကုန်	thwin: goun
importatore (m)	သွင်းကုန်လုပ်ငန်းရှင်	thwin: goun lou' ngan: shin
importare (vt)	တင်သွင်းသည်	tin dhwin: de
d'importazione (agg)	သွင်းကုန်နှင့်ဆိုင်သော	thwin: goun hnin. zain de.
esportazione (f)	ပို့ကုန်	pou. goun
esportatore (m)	ပို့ကုန်လုပ်ငန်းရှင်	pou. goun lou' ngan: shin
esportare (vt)	ကုန်တင်ပို့သည်	koun tin pou. de
d'esportazione (agg)	တင်ပို့သော	tin bou. de.
merce (f)	ကုန်ပစ္စည်း	koun pji' si:
carico (m)	ပို့.ကုန်	pou. goun
peso (m)	အလေး:ချိန်	alei: gjein
volume (m)	ပမာဏ	pa. ma na.
metro (m) cubo	ကုဗမီတာ	ku. ba mi ta
produttore (m)	ထုတ်လုပ်သူ	tou' lou' thu
società (f) di trasporti	သယ်ယူပို့.ဆောင်ရေး ကုမ္ပဏီ	the ju bou. zaun jei: koun pa. ni
container (m)	ကွန်တိန်နာ	kun tein na
frontiera (f)	နယ်နိမိတ်	ne ni. mei'
dogana (f)	အကောက်ခွန်	akau' khun
dazio (m) doganale	အကောက်ခွန်နှုန်း	akau' khun hnoun:
doganiere (m)	အကောက်ခွန်အရာရှိ	akau' khun aja shi.
contrabbando (m)	မှောင်ခို	hmaun gou
merci (f pl) contrabbandate	မှောင်ခိုပစ္စည်း	hmaun gou pji' si:

75. Mezzi finanziari

azione (f)	စတော့ရှယ်ယာ	sato. shera
obbligazione (f)	ငွေရေး:စာချုပ်	ngwei gjei: za gju'
cambiale (f)	ငွေပေး:ရေးရန် ကတိစာချုပ်	ngwei bei: gjei jan ga. di. za gju'
borsa (f)	စတော့ရှယ်ယာဒိုင်	sato. shera dain
quotazione (f)	စတော့ရေး:နှုန်း	sato. zei: hnoun:
diminuire di prezzo	ရေး:နှုန်း:ကျဆင်းသည်	zei: hnan: gja. zin: de

aumentare di prezzo	ဈေးနှုန်းတက်သည်	zei: hnan: de' de
quota (f)	ရယ်ယာ	she ja
pacchetto (m) di maggioranza	ရှယ်ယာအများစုကို ပိုင်ဆိုင်ခြင်း	she ja amja: zu. gou bain zain gjin:
investimento (m)	ရင်းနှီးမြှုပ်နှံမှု	jin: hni: hmjou' hnan hmu.
investire (vt)	ရင်းနှီးမြှုပ်နှံသည်	jin: hni: hmjou' hnan de
percento (m)	ရာခိုင်နှုန်း	ja gain hnan:
interessi (m pl) (su investimenti)	အတိုး	atou:
profitto (m)	အမြတ်	amja'
redditizio (agg)	အမြတ်ရသော	amja' ja de.
imposta (f)	အခွန်	akhun
valuta (f) (~ estera)	ငွေကြေး	ngwei kjei:
nazionale (agg)	အမျိုးသားနှင့်ဆိုင်သော	amjou: dha: hnin. zain de.
cambio (m) (~ valuta)	လဲလှယ်ခြင်း	le: hle gjin:
contabile (m)	စာရင်းကိုင်	sajin: gain
ufficio (m) contabilità	စာရင်းကိုင်လုပ်ငန်း	sajin: gain lou' ngan:
bancarotta (f)	ဒေဝါလီခံခြင်း	dei wa li gan ja gjin
fallimento (m)	ရှုတ်တရှုတ်စီးပွားရေး ပိုးကျခြင်း	jou' ta ja' si: bwa: jei: dou: gja. gjin:
rovina (f)	ကြီးစွာသောအပျက်အစီး	kji: zwa dho apje' asi:
andare in rovina	ပျက်စီးဆုံးရှုံးသည်	pje' si: zoun: shoun: de
inflazione (f)	ငွေကြေးဖောင်းပွခြင်း	ngwei kjei: baun: bwa. gjin:
svalutazione (f)	ငွေကြေးတန်ဖိုးချခြင်း	ngwei kjei: dan bou: gja gjin:
capitale (m)	အရင်းအနှီးငွေ	ajin: ani: ngwei
reddito (m)	ဝင်ငွေ	win ngwei
giro (m) di affari	အနတ်အသိမ်း	anou' athin:
risorse (f pl)	အရင်းအမြစ်များ	ajin: amja' mja:
mezzi (m pl) finanziari	ငွေကြေးအရင်းအမြစ်များ	ngwei kjei: ajin: amji' mja:
spese (f pl) generali	အထွေထွေအသုံးစရိတ်	a htwei htwei athoun: za. jei'
ridurre (~ le spese)	လျှော့ချသည်	sho. cha. de

76. Marketing

marketing (m)	ဈေးကွက်ရှာဖွေရေး	zei: gwe' sha bwei jei:
mercato (m)	ဈေးကွက်	zei: gwe'
segmento (m) di mercato	ဈေးကွက်အစိတ်အပိုင်း	zei: gwe' asei' apain:
prodotto (m)	ထုတ်ကုန်	htou' koun
merce (f)	ကုန်ပစ္စည်း	koun pji' si:
marca (f)	အမှတ်တံဆိပ်	ahma' tan zin
marchio (m) di fabbrica	ကုန်အမှတ်တံဆိပ်	koun ahma' tan hsi'
logotipo (m)	မူပိုင်အမှတ်တံဆိပ်	mu bain ahma' dan zei'
logo (m)	တံဆိပ်	da zei'
domanda (f)	တောင်းဆိုချက်	taun: hsou che'
offerta (f)	ထောက်ပံ့ခြင်း	htau' pan. gjin:

bisogno (m)	လိုအပ်မှု	lou a' hmu.
consumatore (m)	သုံးစွဲသူ	thoun: zwe: dhu
analisi (f)	ရှုခြမ်းစိတ်ဖြာခြင်း	khwe: gjan: zei' hpa gjin:
analizzare (vt)	ရှုခြမ်းစိတ်ဖြာသည်	khwe: gjan: zei' hpa de
posizionamento (m)	နေရာရှာခြင်း	nei ja hja gjin:
posizionare (vt)	နေရာရှာသည်	nei ja sha de
prezzo (m)	ဈေးနှုန်း	zei: hnan:
politica (f) dei prezzi	ဈေးနှုန်းမူဝါဒ	zei: hnan: m wada.
determinazione (f) dei prezzi	ဈေးနှုန်းဖြစ်တည်ခြင်း	zei: hnan: bji' te gjin:

77. Pubblicità

pubblicità (f)	ကြော်ငြာ	kjo nja
pubblicizzare (vt)	ကြော်ငြာသည်	kjo nja de
bilancio (m) (budget)	ဘတ်ဂျက်	ba' gje'
annuncio (m)	ခန့်မှန်းခြေရ	khan hman: gjei ja.
	သုံငွေစာရင်း	dhu: ngwei za jin:
pubblicità (f) televisiva	တီဗီကြော်ငြာ	ti bi gjo nja
pubblicità (f) radiofonica	ရေဒီယိုကြော်ငြာ	rei di jou gjo nja
pubblicità (f) esterna	ပြင်ပကြော်ငြာ	pjin ba. gjo nja
mass media (m pl)	လူထုဆက်သွယ်ရေး	lu du. ze' thwe jei:
periodico (m)	ပုံမှန်ထုတ်မဂ္ဂဇင်း	poun hmein dou' ma' ga. zin:
immagine (f)	ပုံရိပ်	poun jei'
slogan (m)	ကြွေးကြော်သံ	kjwei: kjo dhan
motto (m)	ဆောင်ပုဒ်	hsaun bou'
campagna (f)	အစီအစဉ်	asi asin
campagna (f) pubblicitaria	ကြော်ငြာအစီအစဉ်	kjo nja a si asin
gruppo (m) di riferimento	ပစ်မှတ်အုပ်စု	pi' hma' ou'zu.
biglietto (m) da visita	လုပ်ငန်းသုံးလိပ်စာကဒ်ပြား	lou' ngan: loun: lei' sa ka' pja:
volantino (m)	လက်ကမ်းစာစောင်	le' kan: za zaun
opuscolo (m)	ကြော်ငြာစာအုပ်ငယ်	kjo nja za ou' nge
pieghevole (m)	လက်ကမ်းစာစောင်	le' kan: za zaun:
bollettino (m)	သတင်းလွှာ	dhadin: hlwa
insegna (f) (di negozi, ecc.)	ဆိုင်းဘုတ်	hsain: bou'
cartellone (m)	ပို့စတာ	pou sata
tabellone (m) pubblicitario	ကြော်ငြာဆိုင်းဘုတ်	kjo nja zain: bou'

78. Attività bancaria

banca (f)	ဘဏ်	ban
filiale (f)	ဘဏ်ခွဲ	ban gwe:
consulente (m)	အတိုင်ပင်ခံပုဂ္ဂိုလ်	atain bin gan bou' gou
direttore (m)	မန်နေဂျာ	man nei gji

conto (m) bancario	ဘဏ်ငွေစာရင်း	ban ngwei za jin
numero (m) del conto	ဘဏ်စာရင်းနံပါတ်	ban zajin: nan. ba'
conto (m) corrente	ဘဏ်စာရင်းရှင်	ban zajin: shin
conto (m) di risparmio	ဘဏ်ငွေစုစာရင်း	ban ngwei zu. za jin
aprire un conto	ဘဏ်စာရင်းဖွင့်သည်	ban zajin: hpwin. de
chiudere il conto	ဘဏ်စာရင်းပိတ်သည်	ban zajin: bi' te
versare sul conto	ငွေသွင်းသည်	ngwei dhwin: de
prelevare dal conto	ငွေထုတ်သည်	ngwei dou' te
deposito (m)	အပ်ငွေ	a' ngwei
depositare (vt)	ငွေအပ်သည်	ngwei a' te
trasferimento (m) telegrafico	ကြေးနန်းဖြင့်ငွေလွှဲခြင်း	kjei: nan: bjin. ngwe hlwe: gjin
rimettere i soldi	ကြေးနန်းဖြင့်ငွေလွှဲသည်	kjei: nan: bjin. ngwe hlwe: de
somma (f)	ပေါင်းလဒ်	paun: la'
Quanto?	ဘယ်လောက်လဲ	be lau' le:
firma (f)	လက်မှတ်	le' hma'
firmare (vt)	လက်မှတ်ထိုးသည်	le' hma' htou: de
carta (f) di credito	အကြွေးဝယ်ကဒ်-ခရက်ဒစ်ကဒ်	achwei: we ka' - ka' je' da' ka'
codice (m)	ကုဒ်နံပါတ်	kou' nan ba'
numero (m) della carta di credito	ခရက်ဒစ်ကဒ်နံပါတ်	kha. je' di' ka' nan ba'
bancomat (m)	အလိုအလျောက်ငွေထုတ်စက်	alou aljau' ngwei htou' se'
assegno (m)	ချက်လက်မှတ်	che' le' hma'
emettere un assegno	ချက်ရေးသည်	che' jei: de
libretto (m) di assegni	ချက်စာအုပ်	che' sa ou'
prestito (m)	ချေးငွေ	chei: ngwei
fare domanda per un prestito	ချေးငွေလျှောက်လွှာတင်သည်	chei: ngwei shau' hlwa din de
ottenere un prestito	ချေးငွေရယူသည်	chei: ngwei ja. ju de
concedere un prestito	ချေးငွေထုတ်ပေးသည်	chei: ngwei htou' pei: de
garanzia (f)	အာမခံပစ္စည်း	a ma. gan bji' si:

79. Telefono. Conversazione telefonica

telefono (m)	တယ်လီဖုန်း	te li hpoun:
telefonino (m)	မိုဘိုင်းဖုန်း	mou bain: hpoun:
segreteria (f) telefonica	ဖုန်းထူစက်	hpoun: du: ze'
telefonare (vi, vt)	ဖုန်းဆက်သည်	hpoun: ze' te
chiamata (f)	အဝင်ဖုန်း	awin hpun
comporre un numero	နံပါတ် နှိပ်သည်	nan ba' hnei' te
Pronto!	ဟလို	ha. lou
chiedere (domandare)	မေးသည်	mei: de
rispondere (vi, vt)	ဖြေသည်	hpjei de
udire (vt)	ကြားသည်	ka: de
bene	ကောင်းကောင်း	kaun: gaun:

male	အရမ်းမကောင်း	ajan: ma. gaun:
disturbi (m pl)	ဖြတ်ဝင်သည့်လှုည်သံ	hpja' win dhi. zu njan dhan
cornetta (f)	တယ်လီဖုန်းနားကြပ်ပိုင်း	te li hpoun: na: gja' pain:
alzare la cornetta	ဖုန်းကောက်ကိုင်သည်	hpoun: gau' gain de
riattaccare la cornetta	ဖုန်းချသည်	hpoun: gja de
occupato (agg)	လိုင်းမအားသော	lain: ma. a: de.
squillare (del telefono)	မြည်သည်	mji de
elenco (m) telefonico	တယ်လီဖုန်းလမ်းညွှန်စာအုပ်	te li hpoun: lan: hnjun za ou'
locale (agg)	ပြည်တွင်း၊ဒေသတွင်းဖြစ်သော	pji dwin: dei. dha dwin: bji' te.
telefonata (f) urbana	ပြည်တွင်းခေါ်ဆို	pji dwin: go zou hmu.
interurbano (agg)	အဝေးခေါ်ဆိုနိုင်သော	awei: go zou nain de.
telefonata (f) interurbana	အဝေးခေါ်ဆိုမှု	awei: go zou hmu.
internazionale (agg)	အပြည်ပြည်ဆိုင်ရာဖြစ်သော	apji pji zain ja bja' de.
telefonata (f) internazionale	အပြည်ပြည်ဆိုင်ရာခေါ်ဆိုမှု	apji pji zain ja go: zou hmu

80. Telefono cellulare

telefonino (m)	မိုဘိုင်းဖုန်း	mou bain: hpoun:
schermo (m)	ပြသမြင်း	pja. dha. gjin:
tasto (m)	ခလုတ်	khalou'
scheda SIM (f)	ဆင်းကဒ်	hsin: ka'
pila (f)	ဘတ်ထရီ	ba' hta ji
essere scarico	ဖုန်းအားကုန်သည်	hpoun: a: goun: de
caricabatteria (m)	အားသွင်းကြိုး	a: dhwin: gjou:
menù (m)	အစားအသောက်စာရင်း	asa: athau' sa jin:
impostazioni (f pl)	ချိန်ညှိခြင်း	chein hnji. chin:
melodia (f)	တီးလုံး	ti: loun:
scegliere (vt)	ရွေးချယ်သည်	jwei: che de
calcolatrice (f)	ဂဏန်းပေါင်းစက်	ganan: baun: za'
segreteria (f) telefonica	အသံမေးလ်	athan mei:l
sveglia (f)	နှိုးစက်	hnou: ze'
contatti (m pl)	ဖုန်းအဆက်အသွယ်များ	hpoun: ase' athwe mja:
messaggio (m) SMS	မက်ဆေ့ချ်	me' zei. gja
abbonato (m)	အသုံးပြုသူ	athoun: bju. dhu

81. Articoli di cancelleria

penna (f) a sfera	ဘောပင်	bo pin
penna (f) stilografica	ဖောင်တိန်	hpaun din
matita (f)	ခဲတံ	khe: dan
evidenziatore (m)	အရောင်တောက်မင်တံ	ajaun dau' min dan
pennarello (m)	ရေဆေးစုတ်တံ	jei zei: zou' tan
taccuino (m)	မှတ်စုစာအုပ်	hma' su. za ou'
agenda (f)	နေ့စဉ်မှတ်တမ်းစာအုပ်	nei. zin hma' tan: za ou'

righello (m)	ပေတံ	pei dan
calcolatrice (f)	ဂဏန်းပေါင်းစက်	ganan: baun: za'
gomma (f) per cancellare	ခဲဖျက်	khe: bje'
puntina (f)	ထိပ်ပြားကြီးသံရို	htei' pja: gji: dhan hmou
graffetta (f)	တွယ်ချိတ်	twe gjei'
colla (f)	ကော်	ko
pinzatrice (f)	စတက်ပလာ	sate' pa. la
perforatrice (f)	အပေါက်ဖောက်စက်	apau' hpau' se'
temperamatite (m)	ခဲချွန်စက်	khe: chun ze'

82. Generi di attività commerciali

servizi (m pl) di contabilità	စာရင်းကိုင်ဝန်ဆောင်မှု	sajin: gain wun zaun hmu.
pubblicità (f)	ကြော်ငြာ	kjo nja
agenzia (f) pubblicitaria	ကြော်ငြာလုပ်ငန်း	kjo nja lou' ngan:
condizionatori (m pl) d'aria	လေအေးစက်	lei ei: ze'
compagnia (f) aerea	လေကြောင်း	lei gjaun:
bevande (f pl) alcoliche	အရက်သေစာ	aje' dhei za
antiquariato (m)	ရှေးဟောင်းပစ္စည်း	shei: haun: bji' si:
galleria (f) d'arte	အနုပညာပြခန်း	anu. pjin ja pja. gan:
società (f) di revisione contabile	စာရင်းစစ်ဆေးရေး	sajin: zi' hsei: gjin:
imprese (f pl) bancarie	ဘဏ်လုပ်ငန်း	ban lou' ngan:
bar (m)	ဘား	ba:
salone (m) di bellezza	အလှပြင်ဆိုင်	ahla. bjin zain:
libreria (f)	စာအုပ်ဆိုင်	sa ou' hsain
birreria (f)	ဘီယာချက်စက်ရုံ	bi ja gje' se' joun
business centre (m)	စီးပွါးရေးလုပ်ငန်းစင်တာ	si: bwa: jei: lou' ngan: zin da
scuola (f) di commercio	စီးပွါးရေးကျောင်း	si: bwa: jei: gjaun:
casinò (m)	လောင်းကစားရုံ	laun: gaza: joun
edilizia (f)	ဆောက်လုပ်ရေးလုပ်ငန်း	hsau' lou' jei: lou' ngan:
consulenza (f)	လူနာစမ်းသပ်ခန်း	lu na zan: dha' khan:
odontoiatria (f)	သွားဆေးခန်း	thwa: hsei: gan:
design (m)	ဒီဇိုင်း	di zain:
farmacia (f)	ဆေးဆိုင်	hsei: zain
lavanderia (f) a secco	အဝတ်အခြောက်လျှော်လုပ်ငန်း	awu' achou' hlo: lou' ngan:
agenzia (f) di collocamento	အလုပ်အကိုင်ရှာဖွေရေးလုပ်ငန်း	alou' akain sha hpwei jei: lou' ngan:
servizi (m pl) finanziari	ငွေကြေးဝန်ဆောင်မှုလုပ်ငန်း	ngwei kjei: wun zaun hmu lou' ngan:
industria (f) alimentare	စားသုံးကုန်များ	sa: dhoun: goun mja:
agenzia (f) di pompe funebri	အသုဘဝန်ဆောင်မှုလုပ်ငန်း	athu. ba. wun zaun hmu. lou' ngan:
mobili (m pl)	ပရိဘောဂ	pa ri. bo: ga.
abbigliamento (m)	အဝတ်အစား	awu' aza:
albergo, hotel (m)	ဟိုတယ်	hou te
gelato (m)	ရေခဲမုန့်	jei ge: moun.
industria (f)	စက်မှုလုပ်ငန်း	se' hmu. lou' ngan:

Italian	Birmano	Pronuncia
assicurazione (f)	အာမခံလုပ်ငန်း	a ma. khan lou' ngan:
internet (f)	အင်တာနက်	in ta na'
investimenti (m pl)	ရင်းနှီးမြှုပ်နှံမှု	jin: hni: hmjou' hnan hmu.
gioielliere (m)	လက်ဝတ်ရတနာကုန်သည်	le' wa' ja. da. na goun de
gioielli (m pl)	လက်ဝတ်ရတနာ	le' wa' ja. da. na
lavanderia (f)	ဒိုဘီလုပ်ငန်း	dou bi lou' ngan:
consulente (m) legale	ဥပဒေအကြံပေး	u. ba. dei akjan bei:
industria (f) leggera	အသေးစားစက်မှုလုပ်ငန်း	athei: za: za' hmu. lou' ngan:
rivista (f)	မဂ္ဂဇင်းစာစောင်	ma' ga. zin: za zaun
vendite (f pl)	အော်ဒါကိုစာတိုက်မှ	o da ko sa dai' hma.
per corrispondenza	ပို့ဆောင်ခြင်း	bou. hsaun gjin:
medicina (f)	ဆေးပညာ	hsei: pjin nja
cinema (m)	ရုပ်ရှင်ရုံ	jou' shin joun
museo (m)	ပြတိုက်	pja. dai'
agenzia (f) di stampa	သတင်းဌာန	dhadin: hta. na.
giornale (m)	သတင်းစာ	dhadin: za
locale notturno (m)	နိုက်ကလပ်	nai' ka. la'
petrolio (m)	ရေနံ	jei nan
corriere (m) espresso	ပစ္စည်းပို့ဆောင်ရေးလုပ်ငန်း	pji' si: bou. zain jei: lou' ngan:
farmaci (m pl)	လူသုံးဆေးဝါးလုပ်ငန်း	lu dhoun: zei: wa: lou' ngan:
stampa (f) (~ di libri)	ပုံနှိပ်ခြင်း	poun nei' chin:
casa (f) editrice	ပုံနှိပ်ထုတ်ဝေသည့်ကုမ္ပဏီ	poun nei' htou' wei dhi. koun pani
radio (f)	ရေဒီယို	rei di jou
beni (m pl) immobili	အိမ်ခြံမြေလုပ်ငန်း	ein gjan mjei lu' ngan:
ristorante (m)	စားသောက်ဆိုင်	sa: thau' hsain
agenzia (f) di sicurezza	လုံခြုံရေးအကျိုးဆောင်ကုမ္ပဏီ	loun gjoun jei: akjou: zaun koun pa. ni
sport (m)	အားကစား	a: gaza:
borsa (f)	စတော့ရောင်းဝယ်ရေးဌာန	sato. jaun: we jei: hta. na.
negozio (m)	ဆိုင်	hsain
supermercato (m)	ကုန်တိုက်ကြီး	koun dou' kji:
piscina (f)	ရေကူးကန်	jei ku: gan
sartoria (f)	အဝတ်ချုပ်လုပ်ငန်း	a' chou' lu' ngan:
televisione (f)	ရုပ်မြင်သံကြား	jou' mjin dhan gja:
teatro (m)	ကဇာတ်ရုံ	ka. za' joun
commercio (m)	ကုန်သွယ်ရေး	koun dhwe jei:
mezzi (m pl) di trasporto	သယ်ယူပို့ဆောင်ရေးလုပ်ငန်း	the ju bou. zaun jei: lou' ngan:
viaggio (m)	ခရီးသွားလုပ်ငန်း	khaji: thwa lou' ngan:
veterinario (m)	တိရစ္ဆာန်ကုဆရာဝန်	tharei' hsan gu. zaja wun
deposito, magazzino (m)	ကုန်လှောင်ရုံ	koun hlaun joun
trattamento (m) dei rifiuti	စွန့်ပစ်ပစ္စည်းစုဆောင်းခြင်း	sun. bi' pji' si: zu zaun: ghin:

Lavoro. Affari. Parte 2

83. Spettacolo. Mostra

Italiano	Birmano	Traslitterazione
fiera (f)	ပြပွဲ	pja. bwe:
fiera (f) campionaria	ကုန်စည်ပြပွဲ	koun zi pja pwe
partecipazione (f)	ပါဝင်ဆင်နွှဲမှု	pa win zhin hnwe: hmu.
partecipare (vi)	ပါဝင်ဆင်နွှဲသည်	pa win zin hnwe: de
partecipante (m)	ပါဝင်ဆင်နွှဲသူ	pa win zhin hnwe: dhu
direttore (m)	ဒါရိုက်တာ	da je' ta
ufficio (m) organizzativo	ဦးစီးဦးဆောင်သူအဖွဲ့	u: zi: u: zaun dhu ahpwe:
organizzatore (m)	စီစဉ်သူ	si zin dhu
organizzare (vt)	စီစဉ်သည်	si zin de
domanda (f) di partecipazione	ပါဝင်ရန်ဖြည့်စွက်ရသောပုံစံ	pa win jan bje zwe' ja. dho: boun zan
riempire (vt)	ဖြည့်သည်	hpjei. de
dettagli (m pl)	အသေးစိတ်အချက်အလက်များ	athei zi' ache' ala' mja:
informazione (f)	သတင်းအချက်အလက်	dhadin: akje' ale'
prezzo (m)	ဈေးနှုန်း	zei: hnan:
incluso (agg)	အပါအဝင်	apa awin
includere (vt)	ပါဝင်သည်	pa win de
pagare (vi, vt)	ပေးချေသည်	pei: gjei de
quota (f) d'iscrizione	မှတ်ပုံတင်ခ	hma' poun din ga.
entrata (f)	ဝင်ပေါက်	win bau'
padiglione (m)	ပြခန်းယာယီအဆောက်အအုံ	pja. gan: ja ji ahsau' aoun
registrare (vt)	စာရင်းသွင်းသည်	sajin: dhwin: de
tesserino (m)	တံဆိပ်	da zei'
stand (m)	ပြပွဲစင်	pja. bwe: zin
prenotare (riservare)	ကြိုတင်မှာသည်	kjou tin hma de
vetrina (f)	ပစ္စည်းပြရန်မှန်သောင်	pji' si: bja. jan hman baun
faretto (m)	မီးမောင်း	mi: maun:
design (m)	ဒီဇိုင်း	di zain:
collocare (vt)	နေရာချသည်	nei ja gja de
collocarsi (vr)	တည်ရှိသည်	ti shi. de
distributore (m)	ဖြန့်ဝေသူ	hpjan. wei dhu
fornitore (m)	ပေးသွင်းသူ	pei: dhwin: dhu
fornire (vt)	ပေးသွင်းသည်	pei: dhwin: de
paese (m)	နိုင်ငံ	nain ngan
straniero (agg)	နိုင်ငံခြားနှင့်ဆိုင်သော	nain ngan gja: hnin. zain de.
prodotto (m)	ထုတ်ကုန်	htou' koun
associazione (f)	အဖွဲ့အစည်း	ahpwe. asi:

Italian	Birmano	Traslitterazione
sala (f) conferenze	ဆွေးနွေးပွဲခန်းမ	hswe: nwe: bwe: gan: ma.
congresso (m)	ညီလာခံ	nji la gan
concorso (m)	ပြိုင်ပွဲ	pjain bwe:
visitatore (m)	ဧည့်သည်	e. dhe
visitare (vt)	လာရောက်လေ့လာသည်	la jau' lei. la de
cliente (m)	ဖောက်သည်	hpau' te

84. Scienza. Ricerca. Scienziati

Italian	Birmano	Traslitterazione
scienza (f)	သိပ္ပံပညာ	thei' pan pin nja
scientifico (agg)	သိပ္ပံပညာဆိုင်ရာ	thei' pan pin nja zein ja
scienziato (m)	သိပ္ပံပညာရှင်	thei' pan pin nja shin
teoria (f)	သီအိုရီ	thi ou ji
assioma (m)	နဂိုမှန်အဆို	na. gou hman ahsou
analisi (f)	ခွဲခြမ်းစိတ်ဖြာခြင်း	khwe: gjan: zei' hpa gjin:
analizzare (vt)	ခွဲခြမ်းစိတ်ဖြာသည်	khwe: gjan: zei' hpa de
argomento (m)	အကြောင်းပြချက်	akjaun: pja. gje'
sostanza, materia (f)	အထည်	a hte
ipotesi (f)	အခြေခံသဘောတရားအယူအဆ	achei khan dha. bo da. ja: aju ahsa.
dilemma (m)	အကျပ်ရှိက်ခြင်း	akja' shi' chin:
tesi (f)	သုတေသနစာတမ်း	thu. tei thana za dan:
dogma (m)	တရားသေလက်ခံထားသောဝါဒ	taja: dhei le' khan da: dho: wa da
dottrina (f)	သြဝါဒ	thja. wa da.
ricerca (f)	သုတေသန	thu. tei thana
fare ricerche	သုတေသနပြုသည်	thu. tei thana bjou de
prova (f)	စမ်းသပ်ခြင်း	san: dha' chin:
laboratorio (m)	လက်တွေ့ခန်း	le' twei. gan:
metodo (m)	နည်းလမ်း	ne: lan:
molecola (f)	မော်လီကျူး	mo li gju:
monitoraggio (m)	စောင့်ကြည့်စစ်ဆေးခြင်း	saun. gji. zi' hsei: gjin:
scoperta (f)	ရှာဖွေတွေ့ရှိမှု	sha hpwei dwei. shi. hmu.
postulato (m)	လက်ခံထားသည့်အဆို	le' khan da: dhe. ahsou
principio (m)	အခြေခံသဘောတရား	achei khan dha. bo da. ja:
previsione (f)	ကြိုတင်ခန့်မှန်းချက်	kjou din khan hman: gje'
fare previsioni	ကြိုတင်ခန့်မှန်းသည်	kjou din khan hman: de
sintesi (f)	သမ္မာရ	than ba ra.
tendenza (f)	ဦးတည်ရာ	u: ti ja
teorema (m)	သီအိုရမ်	thi ou jan
insegnamento (m)	သင်ကြားချက်	thin kja: gje'
fatto (m)	အချက်အလက်	ache' ale'
spedizione (f)	စူးစမ်းလေ့လာရေးခရီး	su: zan: lei. la nei: khaji:
esperimento (m)	စမ်းသပ်လုပ်ဆောင်ချက်	san: dha' lou' hsaun gje'
accademico (m)	အကယ်ဒမီသိပ္ပံပညာရှင်	ake da ni dhan pa' pjin shin
laureato (m)	တတ္တသိုလ် ပထမဘွဲ့	te' kathou pahtama. bwe.

dottore (m)	ပါရဂူဘွဲ့	pa ja gu bwe.
professore (m) associato	လက်ထောက်ပါမောက္ခ	le' htau' pa mau' kha.
Master (m)	မဟာဘွဲ့	maha bwe.
professore (m)	ပါမောက္ခ	pamau' kha

Professioni e occupazioni

85. Ricerca di un lavoro. Licenziamento

lavoro (m)	အလုပ်	alou'
organico (m)	ဝန်ထမ်းအင်အား	wun dan: in a:
personale (m)	အမှုထမ်း	ahmu. htan:
carriera (f)	သက်မွေးမှုလုပ်ငန်း	the' hmei: hmu. lou' ngan:
prospettiva (f)	တက်လမ်း	te' lan:
abilità (f pl)	ကျွမ်းကျင်မှု	kjwan: gjin hmu.
selezione (f) (~ del personale)	လက်ရွေးစင်	le' jwei: zin
agenzia (f) di collocamento	အလုပ်အကိုင်ရှာဖွေရေး-အကျိုးဆောင်လုပ်ငန်း	alou' akain sha hpei jei: akjou: zaun lou' ngan:
curriculum vitae (f)	ပညာရည်မှတ်တမ်းအကျဉ်း	pjin nja je hma' tan: akjin:
colloquio (m)	အလုပ်အင်တာဗျူး	alou' in da bju:
posto (m) vacante	အလုပ်လစ်လပ်နေရာ	alou' li' la' nei ja
salario (m)	လစာ	la. za
stipendio (m) fisso	ပုံသေလစာ	poun dhei la. za
compenso (m)	ပေးရေျသည့်ငွေ	pei: gjei de. ngwei
carica (f), funzione (f)	ရာထူး	ja du:
mansione (f)	တာဝန်	ta wun
mansioni (f pl) di lavoro	တာဝန်များ	ta wun mja:
occupato (agg)	အလုပ်များသော	alou' mja: de.
licenziare (vt)	အလုပ်ထုတ်သည်	alou' htou' de
licenziamento (m)	ထုတ်ပယ်ခြင်း	htou' pe gjin:
disoccupazione (f)	အလုပ်လက်မဲ့ဦးရေ	alou' le' me. u: jei
disoccupato (m)	အလုပ်လက်မဲ့	alou' le' me.
pensionamento (m)	အငြိမ်းစားလစာ	anjein: za: la. za
andare in pensione	အငြိမ်းစားယူသည်	anjein: za: ju dhe

86. Gente d'affari

direttore (m)	ညွှန်ကြားရေးမှူး	hnjun gja: jei: hmu:
dirigente (m)	မန်နေဂျာ	man nei gji
capo (m)	အကြီးအကဲ	akji: ake:
superiore (m)	အထက်လူကြီး	a hte' lu gji:
capi (m pl)	အထက်လူကြီးများ	a hte' lu gji: mja:
presidente (m)	ဥက္ကဋ္ဌ	ou' kahta.
presidente (m) (impresa)	ဥက္ကဋ္ဌ	ou' kahta.
vice (m)	ဒုတိယ	du. di. ja.
assistente (m)	လက်ထောက်	le' htau'

segretario (m) အတွင်းရေးမှူး atwin: jei: hmu:
assistente (m) personale ကိုယ်ရေးအရာရှိ kou jei: aja shi.

uomo (m) d'affari စီးပွားရေးလုပ်ငန်းရှင် si: bwa: jei: lou' ngan: shin
imprenditore (m) စီးပွားရေးလုပ်ငန်းရှင် si: bwa: jei: lou' ngan: shin
fondatore (m) တည်ထောင်သူ ti daun dhu
fondare (vt) တည်ထောင်သည် ti daun de

socio (m) ဖွဲ့စည်းသူ hpwe. zi: dhu
partner (m) အကျိုးတူလုပ်ဖော်ကိုင်ဘက် akjou: du lou' hpo kain be'
azionista (m) အစုရှင် asu. shin

milionario (m) သန်းကြွယ်သူဌေး than: gjwe dhu dei:
miliardario (m) ဘီလျံနာသူဌေး bi ljan na dhu dei:
proprietario (m) ပိုင်ရှင် pain shin
latifondista (m) မြေပိုင်ရှင် mjei bain shin

cliente (m) (di professionista) ဖောက်သည် hpau' te
cliente (m) abituale အမြဲတမ်းဖောက်သည် amje: dan: zau' te
compratore (m) ဝယ်သူ we dhu
visitatore (m) ည့်သည် e. dhe

professionista (m) ကျွမ်းကျင်သူ kjwan: gjin dhu
esperto (m) ကျွမ်းကျင်ပညာရှင် kjwan: gjin bi nja shin
specialista (m) အထူးကျွမ်းကျင်သူ a htu: kjwan: gjin dhu

banchiere (m) ဘဏ်လုပ်ငန်းရှင် ban lou' ngan: shin
broker (m) စီးပွားရေးအကျိုးဆောင် si: bwa: jei: akjou: zaun

cassiere (m) ငွေကိုင် ngwei gain
contabile (m) စာရင်းကိုင် sajin: gain
guardia (f) giurata အစောင့် asaun.

investitore (m) ရင်းနှီးမြှုပ်နှံသူ jin: hni: hmjou' hnan dhu
debitore (m) မြီစား mji za:
creditore (m) ကြွေးရှင် kjwei: shin
mutuatario (m) ချေးသူ chei: dhu

importatore (m) သွင်းကုန်လုပ်ငန်းရှင် thwin: goun lou' ngan: shin
esportatore (m) ပို့ကုန်လုပ်ငန်းရှင် pou. goun lou' ngan: shin

produttore (m) ထုတ်လုပ်သူ tou' lou' thu
distributore (m) ဖြန့်ဝေသူ hpjan. wei dhu
intermediario (m) တစ်ဆင့်ခံရောင်းသူ ti' hsin. gan jaun: dhu

consulente (m) အတိုင်ပင်ခံပုဂ္ဂိုလ် atain bin gan bou' gou
rappresentante (m) ကိုယ်စားလှယ် kou za: hle
agente (m) ကိုယ်စားလှယ် kou za: hle
assicuratore (m) အာမခံကိုယ်စားလှယ် a ma. khan gou za: hle

87. Professioni amministrative

cuoco (m) စားဖိုမှူး sa: hpou hmu:
capocuoco (m) စားဖိုမှူးကြီး sa: hpou hmu: gji:

Italiano	Birmano	Pronuncia
fornaio (m)	ပေါင်မုန့်ဖုတ်သူ	paun moun. bou' dhu
barista (m)	အရက်ဘား၀န်ထမ်း	aje' ba: wun dan:
cameriere (m)	စားပွဲထိုး	sa: bwe: dou:
cameriera (f)	စားပွဲထိုးမိန်းကလေး	sa: bwe: dou: mein: ga. lei:

Italiano	Birmano	Pronuncia
avvocato (m)	ရှေ့နေ	shei. nei
esperto (m) legale	ရှေ့နေ	shei. nei
notaio (m)	ရှေ့နေ	shei. nei

Italiano	Birmano	Pronuncia
elettricista (m)	လျှပ်စစ်ပညာရှင်	hlja' si' pa. nja shin
idraulico (m)	ပိုက်ပြင်သူ	pai' bjin dhu
falegname (m)	လက်သမား	le' tha ma:

Italiano	Birmano	Pronuncia
massaggiatore (m)	အနှိပ်သမား	anei' thama:
massaggiatrice (f)	အနှိပ်သမ	anei' thama.
medico (m)	ဆရာ၀န်	hsa ja wun

Italiano	Birmano	Pronuncia
taxista (m)	တက္ကစီမောင်းသူ	te' kasi maun: dhu
autista (m)	ယာဉ်မောင်း	jin maun:
fattorino (m)	ပစ္စည်းပို့သူ	pji' si: bou. dhu

Italiano	Birmano	Pronuncia
cameriera (f)	ဟိုတယ်သန့်ရှင်းရေး၀န်ထမ်း	hou te than. shin wun dam:
guardia (f) giurata	အစောင့်	asaun.
hostess (f)	လေယာဉ်မယ်	lei jan me

Italiano	Birmano	Pronuncia
insegnante (m, f)	ဆရာ	hsa ja
bibliotecario (m)	စာကြည့်တိုက်၀န်ထမ်း	sa gji. dai' wun dan:
traduttore (m)	ဘာသာပြန်	ba dha bjan
interprete (m)	စကားပြန်	zaga: bjan
guida (f)	လမ်းညွှန်	lan: hnjun

Italiano	Birmano	Pronuncia
parrucchiere (m)	ဆံသဆရာ	hsan dha. zaja
postino (m)	စာပို့သမား	sa bou. dhama:
commesso (m)	ဆိုင်အရောင်း၀န်ထမ်း	hsain ajaun: wun dan:

Italiano	Birmano	Pronuncia
giardiniere (m)	ဥယျာဉ်မှူး	u. jin hmu:
domestico (m)	အိမ်ဖေအမှုထမ်း	ein zei ahmu. dan:
domestica (f)	အိမ်ဖေအမျိုးသမီး	ein zei amjou: dhami:
donna (f) delle pulizie	သန့်ရှင်းရေးသမ	than. shin: jei: dhama.

88. Professioni militari e gradi

Italiano	Birmano	Pronuncia
soldato (m) semplice	တပ်သား	ta' tha:
sergente (m)	တပ်ကြပ်ကြီး	ta' kja' kji:
tenente (m)	ဗိုလ်	bou
capitano (m)	ဗိုလ်ကြီး	bou gji

Italiano	Birmano	Pronuncia
maggiore (m)	ဗိုလ်မှူး	bou hmu:
colonnello (m)	ဗိုလ်မှူးကြီး	bou hmu: gji:
generale (m)	ဗိုလ်ချုပ်	bou gjou'
maresciallo (m)	ထိပ်တန်းအရာရှိ	htei' tan: aja shi.
ammiraglio (m)	ရေတပ်ဗိုလ်ချုပ်ကြီး	jei da' bou chou' kji:
militare (m)	တပ်မတော်နှင့်ဆိုင်သော	ta' mado hnin. zain de.
soldato (m)	စစ်သား	si' tha:

ufficiale (m)	အရာရှိ	aja shi.
comandante (m)	ခေါင်းဆောင်	gaun: zaun

guardia (f) di frontiera	နယ်ခြားစောင့်	ne gja: zaun.
marconista (m)	ဆက်သွယ်ရေးတပ်သား	hse' thwe jei: da' tha:
esploratore (m)	ကင်းထောက်	kin: dau'
geniere (m)	မိုင်းရှင်းသူ	main: shin: dhu
tiratore (m)	လက်ဖြောင့်တပ်သား	le' hpaun. da' tha:
navigatore (m)	လေကြောင်းပြ	lei gjaun: bja.

89. Funzionari. Sacerdoti

re (m)	ဘုရင်	ba. jin
regina (f)	ဘုရင်မ	ba jin ma.

principe (m)	အိမ်ရှေ့မင်းသား	ein shei. min: dha:
principessa (f)	မင်းသမီး	min: dhami:

zar (m)	ဇာဘုရင်	za bou jin
zarina (f)	ဇာဘုရင်မ	za bou jin ma

presidente (m)	သမ္မတ	thamada.
ministro (m)	ဝန်ကြီး	wun: gji:
primo ministro (m)	ဝန်ကြီးချုပ်	wun: gji: gjou'
senatore (m)	လီနိတ်လွှတ်တော်အမတ်	hsi nei' hlwa' do: ama'

diplomatico (m)	သံတမန်	than taman.
console (m)	ကောင်စစ်ဝန်	kaun si' wun
ambasciatore (m)	သံအမတ်	than ama'
consigliere (m)	ကောင်စီဝင်	kaun si wun

funzionario (m)	အမှုဆောင်အရာရှိ	ahmu. zaun aja shi.
prefetto (m)	သီးသန့်နယ်မြေ အုပ်ချုပ်ရေးမှူး	thi: dhan. ne mjei ou' chou' ei: hmu:
sindaco (m)	မြို့တော်ဝန်	mjou. do wun

giudice (m)	တရားသူကြီး	taja: dhu gji:
procuratore (m)	အစိုးရရှေ့နေ	asou: ja shei. nei

missionario (m)	သာသနာပြုသူ	tha dha. na bju. dhu
monaco (m)	ဘုန်းကြီး	hpoun: gji:
abate (m)	ကျောင်းထိုင်ဆရာတော်	kjaun: dain zaja do
rabbino (m)	ဂျူးဘာသာရေးခေါင်းဆောင်	gju: ba dha jei: gaun: zaun:

visir (m)	မွတ်ဆလင်အမတ်	mu' hsa. lin ama'
scià (m)	ရှားဘုရင်	sha: bu. shin
sceicco (m)	အာရပ်ဇော်ဘွား	a ra' so bwa:

90. Professioni agricole

apicoltore (m)	ပျားမွေးသူ	pja: mwei: dhu
pastore (m)	သိုးနွားအုပ်ကျောင်းသူ	thou:/ nwa: ou' kjaun: dhu

agronomo (m)	သီးနှံစိုက်ပျိုး ရေးပညာရှင်	thi: hnan zai' pjou: jei: pin nja shin
allevatore (m) di bestiame	တိရစ္ဆာန်မျိုးဖောက်သူ	tharei' hsan mjou: hpau' thu
veterinario (m)	တိရစ္ဆာန်ဆရာဝန်	tharei' hsan zaja wun
fattore (m)	လယ်သမား	le dhama:
vinificatore (m)	ဝိုင်ဖောက်သူ	wain bau' thu
zoologo (m)	သတ္တဝေဒပညာရှင်	tha' ta. bei da. pin nja shin
cowboy (m)	နွားကျောင်းသား	nwa: gjaun: dha:

91. Professioni artistiche

attore (m)	သရုပ်ဆောင်မင်းသား	thajou' hsaun min: dha:
attrice (f)	သရုပ်ဆောင်မင်းသမီး	thajou' hsaun min: dha:
cantante (m)	အဆိုတော်	ahsou do
cantante (f)	အဆိုတော်	ahsou do
danzatore (m)	အကဆရာ	aka. hsa. ja
ballerina (f)	အကဆရာမ	aka. hsa. ja ma
artista (m)	သရုပ်ဆောင်သူ	thajou' hsaun dhu
artista (f)	သရုပ်ဆောင်သူ	thajou' hsaun dhu
musicista (m)	ဂီတပညာရှင်	gi ta. bjin nja shin
pianista (m)	စန္ဒရားဆရာ	san daja: zaja
chitarrista (m)	ဂစ်တာပညာရှင်	gi' ta bjin nja shin
direttore (m) d'orchestra	ဂီတမှူး	gi ta. hmu
compositore (m)	တေးရေးဆရာ	tei: jei: hsaja
impresario (m)	ဇာတ်ဆရာ	za' hsaja
regista (m)	ရုပ်ရှင်ဒါရိုက်တာ	jou' shin da jai' ta
produttore (m)	ထုတ်လုပ်သူ	htou' lou' thu
sceneggiatore (m)	ဇာတ်ညွှန်းဆရာ	za' hnjun: za ja
critico (m)	ဝေဖန်သူ	wei ban dhu
scrittore (m)	စာရေးဆရာ	sajei: zaja
poeta (m)	ကဗျာဆရာ	ka. bja zaja
scultore (m)	ပန်းပုဆရာ	babu hsaja
pittore (m)	ပန်းချီဆရာ	bagji zaja
giocoliere (m)	လက်လှည့်ဆရာ	le' hli. za. ja.
pagliaccio (m)	လူရွှင်တော်	lu shwin do
acrobata (m)	ကျွမ်းဘားပြသူ	kjwan: ba: bja dhu
prestigiatore (m)	မျက်လှည့်ဆရာ	mje' hle. zaja

92. Professioni varie

medico (m)	ဆရာဝန်	hsa ja wun
infermiera (f)	သူနာပြု	thu na bju.
psichiatra (m)	စိတ်ရောဂါအထူးကုဆရာဝန်	sei' jo: ga ahtu: gu. zaja wun

dentista (m)	သွားဆရာဝန်	thwa: hsaja wun
chirurgo (m)	ခွဲစိတ်ကုဆရာဝန်	khwe: hsei' ku hsaja wun
astronauta (m)	အာကာသယာဉ်မှူး	akatha. jin hmu:
astronomo (m)	နက္ခတ္တဗေဒပညာရှင်	ne' kha' ta. bei da. pji nja shin
pilota (m)	လေယာဉ်မှူး	lei jan hmu:
autista (m)	ယာဉ်မောင်း	jin maun:
macchinista (m)	ရထားမောင်းသူ	jatha: maun: dhu
meccanico (m)	စက်ပြင်ဆရာ	se' pjin zaja
minatore (m)	သတ္တုတွင်း အလုပ်သမား	tha' tu. dwin: alou' thama:
operaio (m)	အလုပ်သမား	alou' dha ma:
operaio (m) metallurgico	သော့ပြင်ဆရာ	tho. bjin zaja
falegname (m)	ကျွန်းပေါင်းငွေလက်သမား	kji: baun: gwei le' dha ma:
tornitore (m)	တွင်ခုံအလုပ်သမား	twin goun alou' dhama:
operaio (m) edile	ဆောက်လုပ်ရေးအလုပ်သမား	hsau' lou' jei: alou' dha. ma:
saldatore (m)	ဂဟေဆော်သူ	gahei hso dhu
professore (m)	ပါမောက္ခ	pamau' kha
architetto (m)	ဗိသုကာပညာရှင်	bi. thu. ka pjin nja shin
storico (m)	သမိုင်းပညာရှင်	thamain: pin nja shin
scienziato (m)	သိပ္ပံပညာရှင်	thei' pan pin nja shin
fisico (m)	ရူပဗေဒပညာရှင်	ju bei da. bin nja shin
chimico (m)	ဓာတုဗေဒပညာရှင်	da tu. bei da. bjin nja shin
archeologo (m)	ရှေးဟောင်းသုတေသနပညာရှင်	shei: haun thu. dei dha. na. bji nja shin
geologo (m)	ဘူမိဗေဒပညာရှင်	buu mi. bei da. bjin nja shin
ricercatore (m)	သုတေသနပညာရှင်	thu. tei thana pin nja shin
baby-sitter (m, f)	ကလေးထိန်း	kalei: din:
insegnante (m, f)	ဆရာ	hsa ja
redattore (m)	အယ်ဒီတာ	e di ta
redattore capo (m)	အယ်ဒီတာချုပ်	e di ta chu'
corrispondente (m)	သတင်းထောက်	dhadin: dau'
dattilografa (f)	လက်နှိပ်စက်ရိုက်သူ	le' ni' se' jou' thu
designer (m)	ဒီဇိုင်နာ	di zain na
esperto (m) informatico	ကွန်ပျူတာပညာရှင်	kun pju ta ba. nja shin
programmatore (m)	ပရိုဂရမ်မာ	pa. jou ga. jan ma
ingegnere (m)	အင်ဂျင်နီယာ	in gjin ni ja
marittimo (m)	သင်္ဘောသား	thin: bo: dha:
marinaio (m)	သင်္ဘောသား	thin: bo: dha:
soccorritore (m)	ကယ်ဆယ်သူ	ke ze dhu
pompiere (m)	မီးသတ်သမား	mi: tha' dhama:
poliziotto (m)	ရဲ	je:
guardiano (m)	အစောင့်	asaun.
detective (m)	စုံထောက်	soun dau'
doganiere (m)	အကောက်ခွန်အရာရှိ	akau' khun aja shi.
guardia (f) del corpo	သက်တော်စောင့်	the' to zaun.
guardia (f) carceraria	ထောင်စောင့်	htaun zaun.

Italiano	Birmano	Pronuncia
ispettore (m)	ရဲအုပ်	je: ou'
sportivo (m)	အားကစားသမား	a: gaza: dhama:
allenatore (m)	နည်းပြ	ne: bja.
macellaio (m)	သားသတ်သမား	tha: dha' thama:
calzolaio (m)	ဖိနပ်ချုပ်သမား	hpana' chou' tha ma:
uomo (m) d'affari	ကုန်သည်	koun de
caricatore (m)	ကုန်ထမ်းသမား	koun din dhama:
stilista (m)	ဖက်ရှင်ဒီဇိုင်နာ	hpe' shin di zain na
modella (f)	မော်ဒယ်	mo de

93. Attività lavorative. Condizione sociale

Italiano	Birmano	Pronuncia
scolaro (m)	ကျောင်းသား	kjaun: dha:
studente (m)	ကျောင်းသား	kjaun: dha:
filosofo (m)	ဒဿနပညာရှင်	da' thana. pjin nja shin
economista (m)	သောဘာဝေဒပညာရှင်	bo ga bei da ba nja shin
inventore (m)	တီထွင်သူ	ti htwin dhu
disoccupato (m)	အလုပ်လက်မဲ့	alou' le' me.
pensionato (m)	အငြိမ်းစား	anjein: za:
spia (f)	သူလျှို	thu shou
detenuto (m)	ထောင်သား	htaun dha:
scioperante (m)	သပိတ်မှောက်သူ	thabei' hmau' thu
burocrate (m)	ဗျူရိုကရက်အရာရှိ	bju jou ka. je' aja shi.
viaggiatore (m)	ခရီးသွား	khaji: thwa:
omosessuale (m)	လိင်တူချင်းဆက်ဆံသူ	lein du cjin: ze' hsan dhu
hacker (m)	ဟက်ကာ	he' ka
hippy (m, f)	လူမှုဝေလူများကို သွေဖယ်သူ	lu hmu. da. lei. mja: gou
bandito (m)	ဓားပြ	damja.
sicario (m)	လူသတ်သမား	lu dha' thama:
drogato (m)	ဆေးစွဲသူ	hsei: zwe: dhu
trafficante (m) di droga	မူးယစ်ဆေးရောင်းဝယ်သူ	mu: ji' hsei: jaun we dhu
prostituta (f)	ပြည့်တန်ဆာ	pjei. dan za
magnaccia (m)	ဖာခေါင်း	hpa gaun:
stregone (m)	မှော်ဆရာ	hmo za. ja
strega (f)	မှော်ဆရာမ	hmo za. ja ma.
pirata (m)	ပင်လယ်ဓားပြ	pin le da: bja.
schiavo (m)	ကျွန်	kjun
samurai (m)	ဆာမူရိုင်း	hsa mu jain:
selvaggio (m)	လူရိုင်း	lu jain:

Istruzione

94. Scuola

scuola (f)	စာသင်ကျောင်း	sa dhin gjaun:
direttore (m) di scuola	ကျောင်းအုပ်ကြီး	ko: ou' kji:
allievo (m)	ကျောင်းသား	kjaun: dha:
allieva (f)	ကျောင်းသူ	kjaun: dhu
scolaro (m)	ကျောင်းသား	kjaun: dha:
scolara (f)	ကျောင်းသူ	kjaun: dhu
insegnare (qn)	သင်ကြားသည်	thin kja: de
imparare (una lingua)	သင်ယူသည်	thin ju de
imparare a memoria	အလွတ်ကျက်သည်	alu' kje' de
studiare (vi)	သင်ယူသည်	thin ju de
frequentare la scuola	ကျောင်းတက်သည်	kjaun: de' de
andare a scuola	ကျောင်းသွားသည်	kjaun: dhwa: de
alfabeto (m)	အက္ခရာ	e' kha ja
materia (f)	ဘာသာရပ်	ba da ja'
classe (f)	စာသင်ခန်း	sa dhin gan:
lezione (f)	သင်ခန်းစာ	thin gan: za
ricreazione (f)	အနားချိန်	ana: gjain
campanella (f)	ခေါင်းလောင်းသံ	gaun: laun: dhan
banco (m)	စာရေးခုံ	sajei: khoun
lavagna (f)	ကျောက်သင်ပုန်း	kjau' thin boun:
voto (m)	အမှတ်	ahma'
voto (m) alto	အမှတ်အဆင့်မြင့်	ahma' ahsin. mjin.
voto (m) basso	အမှတ်အဆင့်နိမ့်	ahma' ahsin. nin.
dare un voto	အမှတ်ပေးသည်	ahma' pei: de
errore (m)	အမှား	ahma:
fare errori	အမှားလုပ်သည်	ahma: lou' te
correggere (vt)	အမှားပြင်သည်	ahma: pjin de
bigliettino (m)	ခိုးကြရန်စာ	khou: gu: jan za
	ရွက်အပိုင်းအစ	jwe' apain: asa.
compiti (m pl)	အိမ်စာ	ein za
esercizio (m)	လေ့ကျင့်ခန်း	lei. kjin. gan:
essere presente	ရှိသည်	shi. de
essere assente	ပျက်ကွက်သည်	pje' kwe' te
mancare le lezioni	အတန်းပျက်ကွက်သည်	atan: bje' kwe' te
punire (vt)	အပြစ်ပေးသည်	apja' pei: de
punizione (f)	အပြစ်ပေးခြင်း	apja' pei: gjin:

comportamento (m)	အပြုအမူ	apju amu
pagella (f)	စာမေးပွဲမှတ်တမ်း	sa mei: hma' tan:
matita (f)	ခဲတံ	khe: dan
gomma (f) per cancellare	ခဲဖျက်	khe: bje'
gesso (m)	မြေဖြူ	mjei bju
astuccio (m) portamatite	ခဲတံဘူး	khe: dan bu:
cartella (f)	ကျောင်းသုံးလွယ်အိတ်	kjaun: dhoun: lwe ji'
penna (f)	ဘောပင်	bo pin
quaderno (m)	လေ့ကျင့်ခန်းစာအုပ်	lei. kjin. gan: za ou'
manuale (m)	ဖတ်စာအုပ်	hpa' sa au'
compasso (m)	ထောက်ဆွဲ	htau' hsu:
disegnare (tracciare)	ပုံကြမ်းဆွဲသည်	poun: gjam: zwe: de
disegno (m) tecnico	နည်းပညာဆိုင်ရာပုံကြမ်း	ne bi nja zain ja boun gjan:
poesia (f)	ကဗျာ	ka. bja
a memoria	အလွတ်	alu'
imparare a memoria	အလွတ်ကျက်သည်	alu' kje' de
vacanze (f pl) scolastiche	ကျောင်းပိတ်ရက်	kjaun: bi' je'
essere in vacanza	အားလပ်ရက်ရသည်	a: la' je' ja. de
passare le vacanze	အားလပ်ရက်ဖြတ်သန်းသည်	a: la' je' hpja' than: de
prova (f) scritta	အခန်းဆုံးစစ်ဆေးမှု	akhan: zain zi' hsei: hmu
composizione (f)	စာစီစာကုံး	sa zi za koun:
dettato (m)	သဘပုံခေါ်ပေးခြင်း	tha' poun go bei: gjin:
esame (m)	စာမေးပွဲ	sa mei: bwe:
sostenere un esame	စာမေးပွဲဖြေသည်	sa mei: bwe: bjei de
esperimento (m)	လက်တွေ့လုပ်ဆောင်မှု	le' twei. lou' zaun hma.

95. Istituto superiore. Università

accademia (f)	အထူးပညာသင်ကျောင်း	a htu: bjin nja dhin kjaun:
università (f)	တက္ကသိုလ်	te' kathou
facoltà (f)	ဌာန	hta, na,
studente (m)	ကျောင်းသား	kjaun: dha:
studentessa (f)	ကျောင်းသူ	kjaun: dhu
docente (m, f)	သင်ကြားပို့ချသူ	thin kja: bou. gja. dhu
aula (f)	စာသင်ခန်း	sa dhin gan:
diplomato (m)	ဘွဲ့ရသူ	bwe. ja. dhu
diploma (m)	ဒီပလိုမာ	di' lou ma
tesi (f)	သုတေသနစာတမ်း	thu. tei thana za dan:
ricerca (f)	သုတေသနစာတမ်း	thu. tei thana za dan
laboratorio (m)	လက်တွေ့ခန်း	le' twei. gan:
lezione (f)	သင်ကြားပို့ချမှု	thin kja: bou. gja. hmu.
compagno (m) di corso	အတန်းဖော်	atan: hpo
borsa (f) di studio	ပညာသင်ဆု	pjin nja dhin zu.
titolo (m) accademico	တက္ကသိုလ်ဘွဲ့	te' kathou bwe.

96. Scienze. Discipline

matematica (f)	သင်္ချာ	thin cha
algebra (f)	အက္ခရာသင်္ချာ	e' kha ja din gja
geometria (f)	ဂျီဩမေတြီ	gji o: mei tri
astronomia (f)	နက္ခတ္တဗေဒ	ne' kha' ta. bei da.
biologia (f)	ဇီဝဗေဒ	zi: wa bei da.
geografia (f)	ပထဝီဝင်	pahtawi win
geologia (f)	ဘူမိဗေဒ	buu mi. bei da.
storia (f)	သမိုင်း	thamain:
medicina (f)	ဆေးပညာ	hsei: pjin nja
pedagogia (f)	သင်ကြားနည်းပညာ	thin kja: nei: pin nja
diritto (m)	ဥပဒေဘာသာရပ်	u. ba. bei ba dha ja'
fisica (f)	ရူပဗေဒ	ju bei da.
chimica (f)	ဓာတုဗေဒ	da tu. bei da.
filosofia (f)	ဒဿနိကဗေဒ	da' tha ni. ga. bei da.
psicologia (f)	စိတ်ပညာ	sei' pjin nja

97. Sistema di scrittura. Ortografia

grammatica (f)	သဒ္ဒါ	dhada
lessico (m)	ဝေါဟာရ	wo: ha ra.
fonetica (f)	သဒ္ဒဗေဒ	dhada. bei da.
sostantivo (m)	နာမ်	nan
aggettivo (m)	နာမဝိသေသန	nan wi. dhei dha. na.
verbo (m)	ကြိယာ	kji ja
avverbio (m)	ကြိယာဝိသေသန	kja ja wi. dhei dha. na.
pronome (m)	နာမ်စား	nan za:
interiezione (f)	အာမေဍိတ်	a mei dei'
preposizione (f)	ဝိဘတ်	wi ba'
radice (f)	ဝေါဟာရရင်းမြစ်	wo: ha ra. jin: mji'
desinenza (f)	အဆုံးသတ်	ahsoun: tha'
prefisso (m)	ရှေ့ဆက်ပုဒ်	shei. hse' pou'
sillaba (f)	ဝဏ္ဏ	wun na.
suffisso (m)	နောက်ဆက်ပုဒ်	nau' ze' pou'
accento (m)	ဗိသံသင်္ကေတ	hpi. dhan dha. gei da
apostrofo (m)	ပိုင်ဆိုင်ခြင်းပြသင်္ကေတ	pain zain bjin: bja tin kei ta.
punto (m)	ဖူးလုံစတောပ်	hpu: l za. po. p
virgola (f)	ပုဒ်ထီး သင်္ကေတ	pou' hti: tin kei ta.
punto (m) e virgola	အဖြတ်အရပ်သင်္ကေတ	a hpja' aja' tha ngei da
due punti	ကိုလန်	kou lan
puntini di sospensione	စာချန်ပြအမှတ်အသား	sa gjan bja ahma' atha:
punto (m) interrogativo	မေးခွန်းပြအမှတ်အသား	mei: gun: bja. ahma' adha:
punto (m) esclamativo	အာမေဍိတ်အမှတ်အသား	a mei dei' ahma' atha:

Italiano	Birmano	Pronuncia
virgolette (f pl)	မျက်တောင်အဖွင့်အပိတ်	mje' taun ahpwin. apei'
tra virgolette	မျက်တောင်အဖွင့်အပိတ်-အတွင်း	mje' taun ahpwin. apei' atwin:
parentesi (f pl)	ကွင်း	kwin:
tra parentesi	ကွင်းအတွင်း	kwin: atwin:
trattino (m)	တုံးတို	toun: dou
lineetta (f)	တုံးရှည်	toun: she
spazio (m) (tra due parole)	ကွက်လပ်	kwe' la'
lettera (f)	စာလုံး	sa loun:
lettera (f) maiuscola	စာလုံးကြီး	sa loun: gji:
vocale (f)	သရ	thara.
consonante (f)	ဗျည်း	bjin:
proposizione (f)	ဝါကျ	we' kja.
soggetto (m)	ကံ	kan
predicato (m)	ဝါစက	wa saka.
riga (f)	မျဉ်းကြောင်း	mjin: gjaun:
a capo	မျဉ်းကြောင်းအသစ်ပေါ်မှာ	mjin: gjaun: athi' bo hma.
capoverso (m)	စာပိုဒ်	sa pai'
parola (f)	စကားလုံး	zaga: loun:
gruppo (m) di parole	စကားစု	zaga: zu.
espressione (f)	ဖော်ပြချက်	hpjo bja. gje'
sinonimo (m)	အနက်တူ	ane' tu
antonimo (m)	ဆန့်ကျင်ဘက်အနက်	hsan. gjin ba' ana'
regola (f)	စည်းမျဉ်းစည်းကမ်း	si: mjin: si: kan:
eccezione (f)	ခြွင်းချက်	chwin: gje'
giusto (corretto)	မှန်ကန်သော	hman gan de.
coniugazione (f)	ကြိယာပုံစံပြောင်းခြင်း	kji ja boun zan pjaun: chin:
declinazione (f)	သဒ္ဒါပြောင်းလဲပုံ	dhada bjaun: le: boun
caso (m) nominativo	နာမ်ပြောင်းပုံ	nan bjaun: boun zan
domanda (f)	မေးခွန်း	mei: gun:
sottolineare (vt)	အလေးထားဖော်ပြသည်	a lei: da: hpo pja. de
linea (f) tratteggiata	အစက်မျဉ်း	ase' mjin:

98. Lingue straniere

Italiano	Birmano	Pronuncia
lingua (f)	ဘာသာစကား	ba dha zaga:
straniero (agg)	နိုင်ငံခြားနှင့်ဆိုင်သော	nain ngan gja: hnin. zain de.
lingua (f) straniera	နိုင်ငံခြားဘာသာစကား	nain ngan gja: ba dha za ga:
studiare (vt)	သင်ယူလေ့လာသည်	thin ju lei. la de
imparare (una lingua)	သင်ယူသည်	thin ju de
leggere (vi, vt)	ဖတ်သည်	hpa' te
parlare (vi, vt)	ပြောသည်	pjo: de
capire (vt)	နားလည်သည်	na: le de
scrivere (vi, vt)	ရေးသည်	jei: de
rapidamente	မြန်မြန်	mjan mjan
lentamente	ဖြည်းဖြည်း	hpjei: bjei:

correntemente	ကျွမ်းကျင်းကျင်ကျင်	kjwan: gjwan: gjin gjin
regole (f pl)	စည်းမျဉ်းစည်းကမ်း	si: mjin: si: kan:
grammatica (f)	သဒ္ဒါ	dhada
lessico (m)	ဝေါဟာရ	wo: ha ra.
fonetica (f)	သဒ္ဒဗေဒ	dhada. bei da.

manuale (m)	ဖတ်စာအုပ်	hpa' sa au'
dizionario (m)	အဘိဓာန်	abi. dan
manuale (m) autodidattico	မိမိဘာသာလေ့လာနိုင်သောစာအုပ်	mi. mi. ba dha lei. la nain dho: za ou'
frasario (m)	နှစ်ဘာသာစကားပြောစာအုပ်	hni' ba dha zaga: bjo: za ou'

cassetta (f)	တိပ်ခွေ	tei' khwei
videocassetta (f)	ရုပ်ရှင်တိပ်ခွေ	jou' shin dei' hpwei
CD (m)	စီဒီခွေ	si di gwei
DVD (m)	ဒီဗီဒီခွေ	di bi di gwei

alfabeto (m)	အက္ခရာ	e' kha ja
compitare (vt)	စာလုံးပေါင်းသည်	sa loun: baun: de
pronuncia (f)	အသံထွက်	athan dwe'

accento (m)	ဝဲသံ	we: dhan
con un accento	ဝဲသံနှင့်	we: dhan hnin.
senza accento	ဝဲသံမပါဘဲ	we: dhan ma. ba be:

vocabolo (m)	စကားလုံး	zaga: loun:
significato (m)	အဓိပ္ပါယ်	adei' be

corso (m) (~ di francese)	သင်တန်း	thin dan:
iscriversi (vr)	စာရင်းသွင်းသည်	sajin: dhwin: de
insegnante (m, f)	ဆရာ	hsa ja

traduzione (f) (fare una ~)	ဘာသာပြန်ခြင်း	ba dha bjan gjin
traduzione (f) (un testo)	ဘာသာပြန်ထားချက်	ba dha bjan da: gje'
traduttore (m)	ဘာသာပြန်	ba dha bjan
interprete (m)	စကားပြန်	zaga: bjan

poliglotta (m)	ဘာသာစကားအများပြောနိုင်သူ	ba dha zaga: amja: bjo: nain dhu
memoria (f)	မှတ်ဉာဏ်	hma' njan

Ristorante. Intrattenimento. Viaggi

99. Escursione. Viaggio

Italiano	Birmano	Traslitterazione
turismo (m)	ခရီးသွားလုပ်ငန်း	khaji: thwa: lou' ngan:
turista (m)	ကျွမ်းလှည့်ခရီးသည်	ga ba hli. kha. ji: de
viaggio (m) (all'estero)	ခရီးထွက်ခြင်း	khaji: htwe' chin:
avventura (f)	စွန့်စားမှု	sun. za: hmu.
viaggio (m) (corto)	ခရီး	khaji:
vacanza (f)	ပွင့်ရက်	khwin. je'
essere in vacanza	အခွင့်ယူသည်	akhwin. ju de
riposo (m)	အနားယူခြင်း	ana: ju gjin:
treno (m)	ရထား	jatha:
in treno	ရထားနဲ့	jatha: ne.
aereo (m)	လေယာဉ်	lei jan
in aereo	လေယာဉ်နဲ့	lei jan ne.
in macchina	ကားနဲ့	ka: ne.
in nave	သင်္ဘောနဲ့	thin: bo: ne.
bagaglio (m)	ဝန်စည်စလည်	wun zi za. li
valigia (f)	သားရေသေတ္တာ	tha: jei dhi' ta
carrello (m)	ပစ္စည်းတင်ရန်တွန်းလှည်း	pji' si: din jan dun: hle:
passaporto (m)	နိုင်ငံကူးလက်မှတ်	nain ngan gu: le' hma'
visto (m)	ဗီဇာ	bi za
biglietto (m)	လက်မှတ်	le' hma'
biglietto (m) aereo	လေယာဉ်လက်မှတ်	lei jan le' hma'
guida (f)	လမ်းညွှန်စာအုပ်	lan: hnjun za ou'
carta (f) geografica	မြေပုံ	mjei boun
località (f)	ဒေသ	dei dha.
luogo (m)	နေရာ	nei ja
ogetti (m pl) esotici	အထူးအဆန်းပစ္စည်း	a htu: a hsan: bji' si:
esotico (agg)	အထူးအဆန်းဖြစ်သော	a htu: a hsan: hpja' te.
sorprendente (agg)	အံ့ဩစရာကောင်းသော	an. o: sa ja kaun de.
gruppo (m)	အုပ်စု	ou' zu.
escursione (f)	လေ့လာရေးခရီး	lei. la jei: gaji:
guida (f) (cicerone)	လမ်းညွှန်	lan: hnjun

100. Hotel

Italiano	Birmano	Traslitterazione
albergo (m)	ဟိုတယ်	hou te
motel (m)	မိုတယ်	mou te
tre stelle	ကြယ် ၃ ပွင့်အဆင့်	kje thoun: pwin. ahsin.

cinque stelle	ကြယ် ၅ ပွင့်အဆင့်	kje nga: pwin. ahsin.
alloggiare (vi)	တည်းခိုသည်	te: khou de
camera (f)	အခန်း	akhan:
camera (f) singola	တစ်ယောက်ခန်း	ti' jau' khan:
camera (f) doppia	နှစ်ယောက်ခန်း	hni' jau' khan:
prenotare una camera	ကြိုတင်မှာယူသည်	kjou tin hma ju de
mezza pensione (f)	ကြိုတင်တစ်ဝက်ငွေရှေခြင်း	kjou tin di' we' ngwe gjei gjin:
pensione (f) completa	ငွေအပြည့်ကြို တင်ပေးရှေခြင်း	ngwei apjei. kjou din bei: chei chin:
con bagno	ရေချိုးခန်းနှင့်	jei gjou gan: hnin.
con doccia	ရေပန်းနှင့်	jei ban: hnin.
televisione (f) satellitare	ဂြိုဟ်တုရုပ်မြင်သံကြား	gjou' htu. jou' mjin dhan gja:
condizionatore (m)	လေအေးပေးစက်	lei ei: bei: ze'
asciugamano (m)	တဘက်	tabe'
chiave (f)	သော့	tho.
amministratore (m)	အုပ်ချုပ်ရေးမှူး	ou' chu' jei: hmu:
cameriera (f)	သန့်ရှင်းရေးဝန်ထမ်း	than. shin: jei: wun dan:
portabagagli (m)	အထမ်းသမား	a htan: dha. ma:
portiere (m)	တံခါးဝမှ ဆည့်ကြို	daga: wa. hma. e. kjou
ristorante (m)	စားသောက်ဆိုင်	sa: thau' hsain
bar (m)	ဘား	ba:
colazione (f)	နံနက်စာ	nan ne' za
cena (f)	ညစာ	nja. za
buffet (m)	ဘူဖေး	bu hpei:
hall (f) (atrio d'ingresso)	နှာရောင်ခန်း	hna jaun gan:
ascensore (m)	ဓာတ်လှေကား	da' hlei ga:
NON DISTURBARE	မနှောင့်ယှက်ရ	ma. hnaun hje' ja.
VIETATO FUMARE!	ဆေးလိပ်မသောက်ရ	hsei: lei' ma. dhau' ja.

ATTREZZATURA TECNICA. MEZZI DI TRASPORTO

Attrezzatura tecnica

101. Computer

computer (m)	ကွန်ပျူတာ	kun pju ta
computer (m) portatile	လပ်တော့	la' to.
accendere (vt)	ဖွင့်သည်	hpwin. de
spegnere (vt)	ပိတ်သည်	pei' te
tastiera (f)	ကီးဘုတ်	kji: bou'
tasto (m)	ကီး	kji:
mouse (m)	မောက်စ်	mau's
tappetino (m) del mouse	မောက်စ်အောက်ခံပြား	mau's au' gan bja:
tasto (m)	ခလုတ်	khalou'
cursore (m)	ညွှန်မြား	hnjun: ma:
monitor (m)	မော်နီတာ	mo ni ta
schermo (m)	မှန်သားပြင်	hman dha: bjin
disco (m) rigido	ဟတ်ဒစ်-အချက်အလက်	ha' di' akja' ale'
	သိမ်းပစ္စည်း	thein: bji' si:
spazio (m) sul disco rigido	ဟတ်ဒစ်သိုလှောင်နိုင်မှု	ha' di' thou laun nain hmu.
memoria (f)	မှတ်ဉာဏ်	hma' njan
memoria (f) operativa	ရမ်	ran
file (m)	ဖိုင်	hpain
cartella (f)	စာတွဲဖိုင်	sa dwe: bain
aprire (vt)	ဖွင့်သည်	hpwin. de
chiudere (vt)	ပိတ်သည်	pei' te
salvare (vt)	သိမ်းဆည်းသည်	thain: zain: de
eliminare (vt)	ဖျက်သည်	hpje' te
copiare (vt)	မိတ္တူကူးသည်	mi' tu gu: de
ordinare (vt)	ခွဲသည်	khwe: de
trasferire (vt)	ပြန်ကူးသည်	pjan gu: de
programma (m)	ပရိုဂရမ်	pa. jou ga. jan
software (m)	ဆော့ဝဲ	hso. hp we:
programmatore (m)	ပရိုဂရမ်မာ	pa. jou ga. jan ma
programmare (vt)	ပရိုဂရမ်ရေးသည်	pa. jou ga. jan jei: de
hacker (m)	ဟက်ကာ	he' ka
password (f)	စကားဝှက်	zaga: hwe'
virus (m)	ဗိုင်းရပ်စ်	bain ja's
trovare (un virus, ecc.)	ရှာဖွေသည်	sha hpwei de

byte (m)	ဘိုက်	bai'
megabyte (m)	မီဂါဘိုက်	mi ga bai'
dati (m pl)	အချက်အလက်	ache' ale'
database (m)	ဒေတာဘေ့စ်	dei da bei. s
cavo (m)	ကေဘယ်ကြိုး	kei be kjou:
sconnettere (vt)	ဖြုတ်သည်	hpjei: de
collegare (vt)	တပ်သည်	ta' te

102. Internet. Posta elettronica

internet (f)	အင်တာနက်	in ta na'
navigatore (m)	ဘရောက်ဆာ	ba. jau' hsa
motore (m) di ricerca	ဆာချ်အင်ဂျင်	hsa. ch in gjin
provider (m)	ပံ့ပိုးသူ	pan. bou: dhu
webmaster (m)	ဝဘ်မာစတာ	we' sai' ma sa. ta
sito web (m)	ဝဘ်ဆိုက်	we' sai'
pagina web (f)	ဝဘ်ဆိုဒ်စာမျက်နှာ	we' sai' sa mje' hna
indirizzo (m)	လိပ်စာ	lei' sa
rubrica (f) indirizzi	လိပ်စာမှတ်စု	lei' sa hmat' su.
casella (f) di posta	စာတိုက်ပုံး	sa dai' poun:
posta (f)	စာ	sa
troppo piena (agg)	ပြည့်သော	pjei. de.
messaggio (m)	သတင်း	dhadin:
messaggi (m pl) in arrivo	အဝင်သတင်း	awin dha din:
messaggi (m pl) in uscita	အထွက်သတင်း	a htwe' tha. din:
mittente (m)	ပို့သူ	pou. dhu
inviare (vt)	ပို့သည်	pou. de
invio (m)	ပို့ခြင်း	pou. gjin:
destinatario (m)	လက်ခံသူ	le' khan dhu
ricevere (vt)	လက်ခံရရှိသည်	le' khan ja. shi. de
corrispondenza (f)	စာအဆက်အသွယ်	sa ahse' athwe
essere in corrispondenza	စာပေးစာယူလုပ်သည်	sa pei: za ju lou' te
file (m)	ဖိုင်	hpain
scaricare (vt)	ဒေါင်းလော့ဒ်လုပ်သည်	daun: lo. d lou' de
creare (vt)	ဖန်တီးသည်	hpan di: de
eliminare (vt)	ဖျက်သည်	hpje' te
eliminato (agg)	ဖျက်ပြီးသော	hpje' pji: de.
connessione (f)	ဆက်သွယ်မှု	hse' thwe hmu.
velocità (f)	နှုန်း	hnun:
modem (m)	မိုဒမ်း	mou dan:
accesso (m)	ဝင်လမ်း	win lan
porta (f)	ဝဘေ်	we: be'
collegamento (m)	အချိတ်အဆက်	achei' ahse'

collegarsi a ...	ချိတ်ဆက်သည်	chei' hse' te
scegliere (vt)	ရွေးချယ်သည်	jwei: che de
cercare (vt)	ရှာသည်	sha de

103. Elettricità

elettricità (f)	လျှပ်စစ်ဓာတ်အား	hlja' si' da' a:
elettrico (agg)	လျှပ်စစ်နှင့်ဆိုင်သော	hlja' si' hnin. zain de.
centrale (f) elettrica	လျှပ်စစ်ထုတ်လုပ်သောစက်ရုံ	hlja' si' htou' lou' tho: ze' joun
energia (f)	စွမ်းအင်	swan: in
energia (f) elettrica	လျှပ်စစ်စွမ်းအား	hlja' si' swan: a:
lampadina (f)	မီးသီး	mi: dhi:
torcia (f) elettrica	ဓာတ်မီး	da' mi:
lampione (m)	လမ်းမီး	lan: mi:
luce (f)	အလင်းရောင်	alin: jaun
accendere (luce)	ဖွင့်သည်	hpwin. de
spegnere (vt)	ပိတ်သည်	pei' te
spegnere la luce	မီးပိတ်သည်	mi: pi' te
fulminarsi (vr)	မီးကျွမ်းသည်	mi: kjwan: de
corto circuito (m)	လျှပ်စီးပတ်လမ်းပြတ်ခြင်း	hlja' si: ba' lan: bja' chin:
rottura (f) (~ di un cavo)	ဝိုင်ယာကြိုးအပြတ်	wain ja gjou: apja'
contatto (m)	လျှပ်ကူးပစ္စည်း	hlja' ku: pji' si:
interruttore (m)	ခလုတ်	khalou'
presa (f) elettrica	ပလပ်ပေါက်	pa. la' pau'
spina (f)	ပလပ်	pa. la'
prolunga (f)	ကြားဆက်ကြိုး	ka: ze' kjou:
fusibile (m)	ဖျူးစ်	hpju: s
filo (m)	ဝိုင်ယာကြိုး	wain ja gjou:
impianto (m) elettrico	လျှပ်စစ်ကြိုးသွယ်တန်းမှု	hlja' si' kjou: dhwe dan: hmu
ampere (m)	အမ်ပီယာ	an bi ja
intensità di corrente	အသံချဲ့စက်	athan che. zek
volt (m)	ဗို့	boi.
tensione (f)	ဗို့အား	bou. a:
apparecchio (m) elettrico	လျှပ်စစ်ပစ္စည်း	hlja' si' pji' si:
indicatore (m)	အချက်ပြ	ache' pja.
elettricista (m)	လျှပ်စစ်ပညာရှင်	hlja' si' pa. nja shin
saldare (vt)	ဂဟေဆော်သည်	gahei hso de
saldatoio (m)	ဂဟေဆော်တံ	gahei hso dan
corrente (f)	လျှပ်စီးကြောင်း	hlja' si: gjaun:

104. Utensili

utensile (m)	ကိရိယာ	ki. ji. ja
utensili (m pl)	ကိရိယာများ	ki. ji. ja mja:

impianto (m)	စက်ကိရိယာပစ္စည်းများ	se' kari. ja pji' si: mja:
martello (m)	တူ	tu
giravite (m)	ဝက်အူလှည့်	we' u hli.
ascia (f)	ပုဆိန်	pahsein
sega (f)	လွှ	hlwa.
segare (vt)	လွှတိုက်သည်	hlwa. dai' de
pialla (f)	ရွှေပေါ်	jwei bo
piallare (vt)	ရွှေပေါ်ထိုးသည်	jwei bo dou: de
saldatoio (m)	ဂဟေဆော်တံ	gahei hso dan
saldare (vt)	ဂဟေဆော်သည်	gahei hso de
lima (f)	တံစဉ်း	tan zin:
tenaglie (f pl)	သံနှုတ်	than hnou'
pinza (f) a punte piatte	ပလာယာ	pa. la ja
scalpello (m)	ဆောက်	hsau'
punta (f) da trapano	လွန်	lun
trapano (m) elettrico	လျှပ်စစ်လွန်	hlja' si' lun
trapanare (vt)	လွန်ဖြင့်ဖောက်သည်	lun bjin. bau' de
coltello (m)	ဓား	da:
coltello (m) da tasca	မောင်းဂျက်ဓား	maun: gje' da:
lama (f)	ဓားသွား	da: dhwa
affilato (coltello ~)	ချွန်ထက်သော	chwan de' te.
smussato (agg)	တုံးသော	toun: dho:
smussarsi (vr)	တုံးသွားသည်	toun: dwa de
affilare (vt)	သွေးသည်	thwei: de
bullone (m)	မူလီ	mu li
dado (m)	မူလီခေါင်း	mu li gaun:
filettatura (f)	ဝက်အူရစ်	we' u ji'
vite (f)	ဝက်အူ	we' u
chiodo (m)	အိမ်မိုက်သံ	ein jai' than
testa (f) di chiodo	သံခေါင်း	than gaun:
regolo (m)	ပေတံ	pei dan
nastro (m) metrico	ပေကြိုး	pei gjou:
livella (f)	ရေချိန်	jei gjain
lente (f) d'ingradimento	မှန်ဘီလူး	hman bi lu:
strumento (m) di misurazione	တိုင်းသည့်ကိရိယာ	tain: dhi. ki. ji. ja
misurare (vt)	တိုင်းသည်	tain: de
scala (f) graduata	စကေး	sakei:
lettura, indicazione (f)	ပြသောပမာဏ	pja. dho: ba ma na.
compressore (m)	ဖိသိပ်စက်	hpi. dhi' se'
microscopio (m)	အကုကြည့်ကိရိယာ	anu gji. gi. ji. ja
pompa (f) (~ dell'acqua)	ရေထိုးစက်	lei dou: ze'
robot (m)	စက်ရုပ်	se' jou'
laser (m)	လေဆာ	lei za
chiave (f)	သော့	khwa.
nastro (m) adesivo	တိပ်	tei'

colla (f)	ကော်	ko
carta (f) smerigliata	ကော်ဖတ်စက္ကူ	ko hpa' se' ku
molla (f)	ညွတ်သံချွေ	hnju' dhan gwei
magnete (m)	သံလိုက်	than lai'
guanti (m pl)	လက်အိတ်	lei' ei'
corda (f)	ကြိုး	kjou:
cordone (m)	ကြိုးလုံး	kjou: loun:
filo (m) (~ del telefono)	ဝိုင်ယာကြိုး	wain ja gjou:
cavo (m)	ကေဘယ်ကြိုး	kei be kjou:
mazza (f)	တူကြီး	tou gji:
palanchino (m)	တူးရှင်း	tu: jwin:
scala (f) a pioli	လှေကား	hlei ga:
scala (m) a libretto	ခေါက်လှေကား	khau' hlei ka:
avvitare (stringere)	ဝက်အူကျစ်သည်	we' u gji' te
svitare (vt)	ဝက်အူဖြုတ်သည်	we' u bju' te
stringere (vt)	ကျစ်သည်	kja' te.
incollare (vt)	ကော်ကပ်သည်	ko ka' de
tagliare (vt)	ဖြတ်သည်	hpja' te
guasto (m)	ချွတ်ယွင်းချက်	chwe' jwin: che'
riparazione (f)	ပြန်လည်ပြုပြင်ဆောင်ခြင်း	pjan le: bjin zin gjin:
riparare (vt)	ပြန်လည်ပြုပြင်ဆောင်သည်	pjan le bjin zin de
regolare (~ uno strumento)	ညှိသည်	hnji. de
verificare (ispezionare)	စစ်ဆေးသည်	si' hsei: de
controllo (m)	စစ်ဆေးခြင်း	si' hsei: gjin:
lettura, indicazione (f)	ပြသောမာဏ	pja. dho: ba ma na.
sicuro (agg)	စိတ်ချရသော	sei' cha. ja. de.
complesso (agg)	ရှုပ်ထွေးသော	sha' htwei: de.
arrugginire (vi)	သံချေးတက်သည်	than gjei: da' te
arrugginito (agg)	သံချေးတက်သော	than gjei: da' te.
ruggine (f)	သံချေး	than gjei:

Mezzi di trasporto

105. Aeroplano

Italiano	Burmese	Traslitterazione
aereo (m)	လေယာဉ်	lei jan
biglietto (m) aereo	လေယာဉ်လက်မှတ်	lei jan le' hma'
compagnia (f) aerea	လေကြောင်း	lei gjaun:
aeroporto (m)	လေဆိပ်	lei zi'
supersonico (agg)	အသံထက်မြန်သော	athan de' mjan de.

comandante (m) — လေယာဉ်မှူး — lei jan hmu:
equipaggio (m) — လေယာဉ်အမှုထမ်းအဖွဲ့ — lei jan ahmu. dan: ahpwe.
pilota (m) — လေယာဉ်မောင်းသူ — lei jan maun dhu
hostess (f) — လေယာဉ်မယ် — lei jan me
navigatore (m) — လေကြောင်းပြ — lei gjaun: bja.

ali (f pl) — လေယာဉ်တောင်ပံ — lei jan daun ban
coda (f) — လေယာဉ်အမြီး — lei jan amji:
cabina (f) — လေယာဉ်မောင်းအခန်း — lei jan maun akhan:
motore (m) — အင်ဂျင် — in gjin
carrello (m) d'atterraggio — အောက်ခံဘောင် — au' khan baun
turbina (f) — တာဘိုင် — ta bain

elica (f) — ပန်ကာ — pan ga
scatola (f) nera — ဘလက်ဘောက် — ba. le' bo'
barra (f) di comando — ပွဲကိုင်ဘီး — pe. gain bi:
combustibile (m) — လောင်စာ — laun za

safety card (f) — အရေးပေါ် လုံခြုံရေး ညွှန်ကြားစာ — ajei: po' choun loun jei: hnjun gja: za
maschera (f) ad ossigeno — အောက်ဆီဂျင်မျက်နှာဖုံး — au' hsi gjin mje' hna hpoun:
uniforme (f) — ယူနီဖောင်း — ju ni hpaun:
giubbotto (m) di salvataggio — အသက်ကယ်အင်္ကျီ — athe' kai in: gji
paracadute (m) — လေထီး — lei di:

decollo (m) — ထွက်ခွဲခြင်း — htwe' khwa gjin:
decollare (vi) — ပျံတက်သည် — pjan de' te
pista (f) di decollo — လေယာဉ်ပြေးလမ်း — lei jan bei: lan:

visibilità (f) — မြင်ကွင်း — mjin gwin:
volo (m) — ပျံသန်းခြင်း — pjan dan: gjin:

altitudine (f) — အမြင့် — amjin.
vuoto (m) d'aria — လေမပြိမ်အရပ် — lei ma ngjin aja'

posto (m) — ထိုင်ခုံ — htain goun
cuffia (f) — နားကြပ် — na: kja'
tavolinetto (m) pieghevole — ခေါက်စားပွဲ — khau' sa: bwe:
oblò (m), finestrino (m) — လေယာဉ်ပြတင်းပေါက် — lei jan bja. din: bau'
corridoio (m) — မင်းလမ်း — min: lan:

106. Treno

treno (m)	ရထား	jatha:
elettrotreno (m)	လျှပ်စစ်ဓာတ်အားသုံးရထား	hlja' si' da' a: dhou: ja da:
treno (m) rapido	အမြန်ရထား	aman ja, hta:
locomotiva (f) diesel	ဒီဇယ်ရထား	di ze ja da:
locomotiva (f) a vapore	ရေနွေးငွေ့စက်ခေါင်း	jei nwei: ngwei. ze' khaun:

carrozza (f)	အတွဲ	atwe:
vagone (m) ristorante	စားသောက်တွဲ	sa: thau' thwe:

rotaie (f pl)	ရထားသံလမ်း	jatha dhan lan:
ferrovia (f)	ရထားလမ်း	jatha: lan:
traversa (f)	ဇလီဖားတုံး	zali ba: doun

banchina (f) (~ ferroviaria)	စင်္ကြန်	sin gjan
binario (m) (~ 1, 2)	ရထားစင်္ကြန်	jatha zin gjan
semaforo (m)	မီးပွိုင့်	mi: bwain.
stazione (f)	ဘူတာရုံ	bu da joun

macchinista (m)	ရထားမောင်းသူ	jatha: maun: dhu
portabagagli (m)	အထမ်းသမား	a htan: dha. ma:
cuccettista (m, f)	အစောင့်	asaun.
passeggero (m)	ခရီးသည်	khaji: de
controllore (m)	လက်မှတ်တိစစ်ဆေးသူ	le' hma' ti' hsei: dhu:

corridoio (m)	ကော်ရစ်တာ	ko ji' ta
freno (m) di emergenza	အရေးပေါ်ဘရိတ်	ajei: po' ba ji'

scompartimento (m)	အခန်း	akhan:
cuccetta (f)	အိပ်စင်	ei' zin
cuccetta (f) superiore	အပေါ်ထပ်အိပ်စင်	apo htap ei' sin
cuccetta (f) inferiore	အောက်ထပ်အိပ်စင်	au' hta' ei' sin
biancheria (f) da letto	အိပ်ရာခင်း	ei' ja khin:

biglietto (m)	လက်မှတ်	le' hma'
orario (m)	အချိန်ဇယား	achein zaja:
tabellone (m) orari	အချက်အလက်ပြနေရာ	ache ale' pja. nei ja

partire (vi)	ထွက်ခွါသည်	htwe' khwa de
partenza (f)	အထွက်	a htwe'
arrivare (di un treno)	ဆိုက်ရောက်သည်	hseu' jau' de
arrivo (m)	ဆိုက်ရောက်ရာ	hseu' jau' ja

arrivare con il treno	မီးရထားဖြင့်ရောက်ရှိသည်	mi: ja. da: bjin. jau' shi. de
salire sul treno	မီးရထားစီးသည်	mi: ja. da: zi: de
scendere dal treno	မီးရထားမှဆင်းသည်	mi: ja. da: hma. zin: de

deragliamento (m)	ရထားတိုက်ခြင်း	jatha: dai' chin:
deragliare (vi)	ရထားလမ်းချော်သည်	jatha: lan: gjo de

locomotiva (f) a vapore	ရေနွေးငွေ့စက်ခေါင်း	jei nwei: ngwei. ze' khaun:
fuochista (m)	မီးထိုးသမား	mi: dou: dhama:
forno (m)	မီးဖို	mi: bou
carbone (m)	ကျောက်မီးသွေး	kjau' mi dhwei:

107. Nave

nave (f)	သင်္ဘော	thin: bo:
imbarcazione (f)	ရေယာဉ်	jei jan
piroscafo (m)	မီးသင်္ဘော	mi: dha. bo:
barca (f) fluviale	အပျော်စီးမော်တော်ဘုတ်ငယ်	apjo zi: mo do bou' nge
transatlantico (m)	ပင်လယ်အပျော်စီးသင်္ဘော	pin le apjo zi: dhin: bo:
incrociatore (m)	လေယာဉ်တင်သင်္ဘော	lei jan din
yacht (m)	အပျော်စီးရွက်လှေ	apjo zi: jwe' hlei
rimorchiatore (m)	ဆွဲသင်္ဘော	hswe: thin: bo:
chiatta (f)	ဖောင်	hpaun
traghetto (m)	ကူးတို့သင်္ဘော	gadou. thin: bo:
veliero (m)	ရွက်သင်္ဘော	jwe' thin: bo:
brigantino (m)	ရွက်လှေ	jwe' hlei
rompighiaccio (m)	ရေခဲပြင်ခွဲသင်္ဘော	jei ge: bjin gwe: dhin: bo:
sottomarino (m)	ရေငုပ်သင်္ဘော	jei ngou' thin: bo:
barca (f)	လှေ	hlei
scialuppa (f)	ရော်ဘာလှေ	jo ba hlei
scialuppa (f) di salvataggio	အသက်ကယ်လှေ	athe' kai hlei
motoscafo (m)	မော်တော်ဘုတ်	mo to bou'
capitano (m)	ရေယာဉ်မှူး	jei jan hmu:
marittimo (m)	သင်္ဘောသား	thin: bo: dha:
marinaio (m)	သင်္ဘောသား	thin: bo: dha:
equipaggio (m)	သင်္ဘောအမှုထမ်းအဖွဲ့	thin: bo: ahmu. htan: ahpwe:
nostromo (m)	ရေတပ်အရာရှိငယ်	jei da' aja shi. nge
mozzo (m) di nave	သင်္ဘောသားကလေး	thin: bo: dha: galei:
cuoco (m)	ထမင်းချက်	htamin: gje'
medico (m) di bordo	သင်္ဘောဆရာဝန်	thin: bo: zaja wun
ponte (m)	သင်္ဘောကုန်းပတ်	thin: bo: koun: ba'
albero (m)	ရွက်တိုင်	jwe' tai'
vela (f)	ရွက်	jwe'
stiva (f)	ဝမ်းတွင်း	wan: twin:
prua (f)	ဦးစွန်း	u: zun:
poppa (f)	ပဲ့ပိုင်း	pe. bain:
remo (m)	လှော်တက်	hlo de'
elica (f)	သင်္ဘောပန်ကာ	thin: bo: ban ga
cabina (f)	သင်္ဘောပေါ်မှအခန်း	thin: bo: bo hma. aksan:
quadrato (m) degli ufficiali	အရာရှိများရိပ်သာ	aja shi. mja: jin dha
sala (f) macchine	စက်ခန်း	se' khan:
ponte (m) di comando	ကွပ်ကဲခန်း	ku' ke: khan:
cabina (f) radiotelegrafica	ရေဒီယိုခန်း	rei di jou gan:
onda (f)	လှိုင်း	hlain:
giornale (m) di bordo	မှတ်တမ်းစာအုပ်	hma' tan: za ou'
cannocchiale (m)	အဝေးကြည့်မှန်ပြောင်း	awei: gji. hman bjaun:
campana (f)	ခေါင်းလောင်း	gaun: laun:

Italiano	Birmano	Pronuncia
bandiera (f)	အလံ	alan
cavo (m) (~ d'ormeggio)	သင်္ဘောသုံးလွန်ကြိုး	thin: bo: dhaun: lun gjou:
nodo (m)	ကြိုးထုံး	kjou: htoun:
ringhiera (f)	လက်ရန်း	le' jan
passerella (f)	သင်္ဘောကုန်းပေါင်	thin: bo: koun: baun
ancora (f)	ကျောက်ဆူး	kjau' hsu:
levare l'ancora	ကျောက်ဆူးနုတ်သည်	kjau' hsu: nou' te
gettare l'ancora	ကျောက်ချသည်	kjau' cha. de
catena (f) dell'ancora	ကျောက်ဆူးကြိုး	kjau' hsu: kjou:
porto (m)	ဆိပ်ကမ်း	hsi' kan:
banchina (f)	သင်္ဘောဆိပ်	thin: bo: zei'
ormeggiarsi (vr)	ဆိုက်ကပ်သည်	hseu' ka' de
salpare (vi)	စွန့်ပစ်သည်	sun. bi' de
viaggio (m)	ခရီးထွက်ခြင်း	khaji: htwe' chin:
crociera (f)	အပျော်ခရီး	apjo gaji:
rotta (f)	ဦးတည်ရာ	u: ti ja
itinerario (m)	လမ်းကြောင်း	lan: gjaun:
tratto (m) navigabile	သင်္ဘောရေကြောင်း	thin: bo: jei gjaun:
secca (f)	ရေတိမ်ပိုင်း	jei dein bain:
arenarsi (vr)	ကမ်းကပ်သည်	kan ka' te
tempesta (f)	မုန်တိုင်း	moun dain:
segnale (m)	အချက်ပြ	ache' pja.
affondare (andare a fondo)	နစ်မြုပ်သည်	ni' mjou' te
Uomo in mare!	လူရေထဲကျ	lu jei de: gja
SOS	အက်စ်အိုအက်စ်	e's o e's
salvagente (m) anulare	အသက်ကယ်ဘော	athe' kai bo

108. Aeroporto

Italiano	Birmano	Pronuncia
aeroporto (m)	လေဆိပ်	lei zi'
aereo (m)	လေယာဉ်	lei jan
compagnia (f) aerea	လေကြောင်း	lei gjaun:
controllore (m) di volo	လေကြောင်းထိန်း	lei kjaun: din:
partenza (f)	ထွက်ခွာရာ	htwe' khwa ja
arrivo (m)	ဆိုက်ရောက်ရာ	hseu' jau' ja
arrivare (vi)	ဆိုက်ရောက်သည်	hsai' jau' te
ora (f) di partenza	ထွက်ခွာချိန်	htwe' khwa gjein
ora (f) di arrivo	ဆိုက်ရောက်ချိန်	hseu' jau' chein
essere ritardato	နောက်ကျသည်	nau' kja. de
volo (m) ritardato	လေယာဉ်နောက်ကျခြင်း	lei jan nau' kja. chin:
tabellone (m) orari	လေယာဉ်ခရီးစဉ်ပြဘုတ်	lei jan ga. ji: zi bja. bou'
informazione (f)	သတင်းအချက်အလက်	dhadin: akje' ale'
annunciare (vt)	ကြေညာသည်	kjei nja de
volo (m)	ပျံသန်းမှု	pjan dan: hmu.

dogana (f)	အကောက်ခွန်	akau' hsein
doganiere (m)	အကောက်ခွန်အရာရှိ	akau' khun aja shi.
dichiarazione (f)	အကောက်ခွန်ကြေငြာချက်	akau' khun gjei nja gje'
riempire	လျှောက်လွှာဖြည့်သည်	shau' hlwa bji. de
(~ una dichiarazione)		
riempire una dichiarazione	သည်ယူပစ္စည်းစာရင်းကြေညာသည်	the ju pji' si: zajin: kjei nja de
controllo (m) passaporti	ပတ်စပို့ထိန်းချုပ်မှု	pa's pou. htein: gju' hmu.
bagaglio (m)	ဝန်စည်စလည်	wun zi za. li
bagaglio (m) a mano	လက်ဆွဲပစ္စည်း	le' swe: pji' si:
carrello (m)	ပစ္စည်းတင်သည့်လှည်း	pji' si: din dhe. hle:
atterraggio (m)	ဆင်းသက်ခြင်း	hsin: dha' chin:
pista (f) di atterraggio	အဆင်းလမ်း	ahsin: lan:
atterrare (vi)	ဆင်းသက်သည်	hsin: dha' te
scaletta (f) dell'aereo	လေယာဉ်လှေကား	lei jan hlei ka:
check-in (m)	စာရင်းသွင်းခြင်း	sajin: dhwin: gjin:
banco (m) del check-in	စာရင်းသွင်းကောင်တာ	sajin: gaun da
fare il check-in	စာရင်းသွင်းသည်	sajin: dhwin: de
carta (f) d'imbarco	လေယာဉ်ပေါ်တက်ခွင့်လက်မှတ်	lei jan bo de' khwin. le' hma'
porta (f) d'imbarco	လေယာဉ်ထွက်ရွာရာဂိတ်	lei jan dwe' khwa ja gei'
transito (m)	အကူးအပြောင်း	aku: apjaun:
aspettare (vt)	စောင့်သည်	saun. de
sala (f) d'attesa	ထွက်ရွာရာခန်းမ	htwe' kha ja gan: ma.
accompagnare (vt)	လိုက်ပို့သည်	lai' bou. de
congedarsi (vr)	နုတ်ဆက်သည်	hnou' hsei' te

Situazioni quotidiane

109. Vacanze. Evento

Italiano	Birmano	Traslitterazione
festa (f)	ပျော်ပွဲရှင်ပွဲ	pjo bwe: shin bwe:
festa (f) nazionale	အမျိုးသားနေ့	amjou: dha: nei.
festività (f) civile	ပွဲတော်ရက်	pwe: do je'
festeggiare (vt)	အထိမ်းအမှတ်အဖြစ်ကျင်းပသည်	a htin: ahma' ahpja' kjin: ba. de
avvenimento (m)	အဖြစ်အပျက်	a hpji' apje'
evento (m) (organizzare un ~)	အစီအစဉ်	asi asin
banchetto (m)	ဂုဏ်ပြုစားပွဲ	goun bju za: bwe:
ricevimento (m)	ဧည့်ကြိုနေရာ	e. gjou nei ja
festino (m)	စားသောက်ဧည့်ခံပွဲ	sa: thau' e. gan bwe:
anniversario (m)	နှစ်ပတ်လည်	hni' ba' le
giubileo (m)	ရတု	jadu.
festeggiare (vt)	ကျင်းပသည်	kjin: ba. de
Capodanno (m)	နှစ်သစ်ကူး	hni' thi' ku:
Buon Anno!	ပျော်ရွှင်ဖွယ်နှစ်သစ်ကူးဖြစ်ပါစေ	pjo shin bwe: hni' ku: hpji' ba zei
Babbo Natale (m)	ခရစ္စမတ်ဘိုးဘိုး	khari' sa. ma' bou: bou:
Natale (m)	ခရစ္စမတ်ပွဲတော်	khari' sa. ma' pwe: do
Buon Natale!	မယ်ရီခရစ္စမတ်	me ji kha. ji' sa. ma'
Albero (m) di Natale	ခရစ္စမတ်သစ်ပင်	khari' sa. ma' thi' pin
fuochi (m pl) artificiali	မီးရှူးမီးပန်း	mi: shu: mi: ban:
nozze (f pl)	မင်္ဂလာဆောင်ပွဲ	min ga. la zaun bwe:
sposo (m)	သတို့သား	dhadou. tha:
sposa (f)	သတို့သမီး	dhadou. thami:
invitare (vt)	ဖိတ်သည်	hpi' de
invito (m)	ဖိတ်စာကဒ်	hpi' sa ka'
ospite (m)	ဧည့်သည်	e. dhe
andare a trovare	အိမ်လည်သွားသည်	ein le dhwa: de
accogliere gli invitati	ဧည့်သည်ကြိုဆိုသည်	e. dhe gjou zou de
regalo (m)	လက်ဆောင်	le' hsaun
offrire (~ un regalo)	ပေးသည်	pei: de
ricevere i regali	လက်ဆောင်ရသည်	le' hsaun ja. de
mazzo (m) di fiori	ပန်းစည်း	pan: ze:
auguri (m pl)	ဂုဏ်ပြုခြင်း	goun bju chin:
augurare (vt)	ဂုဏ်ပြုသည်	goun bju de
cartolina (f)	ဂုဏ်ပြုကဒ်	goun bju ka'
mandare una cartolina	ပို့စ်ကဒ်ပေးသည်	pou. s ka' pei: de

ricevere una cartolina	ပို့စ်ကဒ်လက်ခံရရှိသည်	pou. s ka' le' khan ja. shi. de
brindisi (m)	ဆုတောင်းဂုဏ်ပြုခြင်း	hsu. daun: goun pju. gjin:
offrire (~ qualcosa da bere)	ကျွေးသည်	kjwei: de
champagne (m)	ရှန်ပိန်	shan pein

divertirsi (vr)	ပျော်ရွှင်သည်	pjo shwin de
allegria (f)	ပျော်ရွှင်မှု	pjo shwin hmu
gioia (f)	ပျော်ရွှင်ခြင်း	pjo shwin gjin:

danza (f), ballo (m)	အက	aka.
ballare (vi, vt)	ကသည်	ka de

valzer (m)	ဝေါ့ဇ်အက	wo. z aka.
tango (m)	တန်ဂိုအက	tan gou aka.

110. Funerali. Sepoltura

cimitero (m)	သချႋုင်း	thin gjain:
tomba (f)	အုတ်ဂူ	ou' gu
croce (f)	လက်ဝါးကပ်တိုင်အမှတ်အသား	le' wa: ka' tain ahma' atha:
pietra (f) tombale	အုတ်ဂူကျောက်တုံး	ou' gu kjau' toun.
recinto (m)	ခြံစည်းရိုး	chan zi: jou:
cappella (f)	ဝတ်ပြုဆုတောင်းရာနေရာ	wa' pju. u. daun: ja nei ja

morte (f)	သေခြင်းတရား	thei gjin: daja:
morire (vi)	ကွယ်လွန်သည်	kwe lun de
defunto (m)	ကွယ်လွန်သူ	kwe lun dhu
lutto (m)	ဝမ်းနည်းကြေကွဲခြင်း	wan: ne: gjei gwe gjin:

seppellire (vt)	မြေမြှုပ်သင်္ဂြိုဟ်လ်သည်	mjei hmjou' dha. gjoun de
sede (f) di pompe funebri	အသုဘရှုရန်နေရာ	athu. ba. shu. jan nei ja
funerale (m)	စျာပန	za ba. na.

corona (f) di fiori	ပန်းခွေ	pan gwei
bara (f)	ခေါင်း	gaun:
carro (m) funebre	နိဗ္ဗာန်ယာဉ်	nei' ban jan
lenzuolo (m) funebre	လူသေဝတ်သည့်အဝတ်စ	lu dhei ba' the. awa' za.

corteo (m) funebre	အသုဘဘယာဉ်တန်း	athu. ba. in dan:
urna (f) funeraria	အရိုးပြာအိုး	ajain: bja ou:
crematorio (m)	မီးသင်္ဂြိုဟ်ရုံ	mi: dha. gjoun joun

necrologio (m)	နာရေးသတင်း	na jei: dha. din:
piangere (vi)	ငိုသည်	ngou de
singhiozzare (vi)	ရှိုက်ငိုသည်	shai' ngou de

111. Guerra. Soldati

plotone (m)	တပ်စု	ta' su.
compagnia (f)	တပ်ခွဲ	ta' khwe:
reggimento (m)	တပ်ရင်း	ta' jin:
esercito (m)	တပ်မတော်	ta' mado

Italiano	Birmano	Pronuncia
divisione (f)	တိုင်းအဆင့်	tain: ahsin.
distaccamento (m)	အထူးစစ်သားအဖွဲ့ငယ်	a htu: za' tha: ahpwe. nge
armata (f)	စစ်တပ်ဖွဲ့	si' ta' hpwe.
soldato (m)	စစ်သား	si' tha:
ufficiale (m)	အရာရှိ	aja shi.
soldato (m) semplice	တပ်သား	ta' tha:
sergente (m)	တပ်ကြပ်ကြီး	ta' kja' kji:
tenente (m)	ဗိုလ်	bou
capitano (m)	ဗိုလ်ကြီး	bou gji
maggiore (m)	ဗိုလ်မှူး	bou hmu:
colonnello (m)	ဗိုလ်မှူးကြီး	bou hmu: gji:
generale (m)	ဗိုလ်ချုပ်	bou gjou'
marinaio (m)	ရေတပ်သား	jei da' tha:
capitano (m)	ဗိုလ်ကြီး	bou gji
nostromo (m)	သင်္ဘောအရာရှိငယ်	thin: bo: aja shi. nge
artigliere (m)	အမြောက်တပ်သား	amjau' thin de.
paracadutista (m)	လေထီးခုန်စစ်သား	lei di: goun zi' tha:
pilota (m)	လေယာဉ်မှူး	lei jan hmu:
navigatore (m)	လေကြောင်းပြ	lei gjaun: bja.
meccanico (m)	စက်ပြင်ဆရာ	se' pjin zaja
geniere (m)	မိုင်းရှင်းသူ	main: shin: dhu
paracadutista (m)	လေထီးခုန်သူ	lei di: goun dhu
esploratore (m)	ကင်းထောက်	kin: dau'
cecchino (m)	လက်ဖြောင့်စစ်သား	le' hpaun. zi' tha:
pattuglia (f)	လှည့်ကင်း	hle. kin:
pattugliare (vt)	ကင်းလှည့်သည်	kin: hle. de
sentinella (f)	ကင်းသမား	kin: dhama:
guerriero (m)	စစ်သည်	si' te
patriota (m)	မျိုးချစ်သူ	mjou: gji dhu
eroe (m)	သူရဲကောင်း	thu je: kaun:
eroina (f)	အမျိုးသမီးလု၊ စွမ်းကောင်း	amjou: dhami: lu swan: gaun:
traditore (m)	သစ္စာဖောက်	thi' sabau'
tradire (vt)	သစ္စာဖောက်သည်	thi' sabau' te
disertore (m)	စစ်ပြေး	si' pjei:
disertare (vi)	စစ်တပ်မှထွက်ပြေးသည်	si' ta' hma. dwe' pjei: de
mercenario (m)	ကြေးစားစစ်သား	kjei: za za' tha:
recluta (f)	တပ်သားသစ်	ta' tha: dhi'
volontario (m)	မိမိဆန္ဒ အရစစ်ထဲဝင်သူ	mi. mi. i zan da. aja. zi' hte: win dhu
ucciso (m)	တိုက်ပွဲကျသူ	tai' pwe: gja dhu
ferito (m)	ဒဏ်ရာရသူ	dan ja ja. dhu
prigioniero (m) di guerra	စစ်သုံ့ပန်း	si' thoun. ban:

112. Guerra. Azioni militari. Parte 1

guerra (f)	စစ်ပွဲ	si' pwe:
essere in guerra	စစ်ပွဲပါဝင်ဆင်နွှဲသည်	si' pwe: ba win zin hnwe: de
guerra (f) civile	ပြည်တွင်းစစ်	pji dwin: zi'
perfidamente	သစ္စာဖောက်သွေဖီလျက်	thi' sabau' thwei bi le'
dichiarazione (f) di guerra	စစ်ကြေငြာခြင်း	si' kjei nja gjin:
dichiarare (~ guerra)	ကြေငြာသည်	kjei nja de
aggressione (f)	ကျူးကျော်ရန်စမှု	kju: gjo jan za. hmu.
attaccare (vt)	တိုက်ခိုက်သည်	tai' khai' te
invadere (vt)	ကျူးကျော်ဝင်ရောက်သည်	kju: gjo win jau' te
invasore (m)	ကျူးကျော်ဝင်ရောက်သူ	kju: gjo win jau' thu
conquistatore (m)	အောင်နိုင်သူ	aun nain dhu
difesa (f)	ကာကွယ်ရေး	ka gwe ei:
difendere (~ un paese)	ကာကွယ်သည်	ka gwe de
difendersi (vr)	ခုခံကာကွယ်သည်	khu. gan ga gwe de
nemico (m)	ရန်သူ	jan dhu
avversario (m)	ပြိုင်ဘက်	pjain be'
ostile (agg)	ရန်သူ	jan dhu
strategia (f)	မဟာဗျူဟာ	maha bju ha
tattica (f)	ဗျူဟာ	bju ha
ordine (m)	အမိန့်	amin.
comando (m)	အမိန့်	amin.
ordinare (vt)	အမိန့်ပေးသည်	amin. bei: de
missione (f)	ရည်မှန်းချက်	ji hman: gje'
segreto (agg)	လျှို့ဝှက်သော	shou. hwe' te.
battaglia (f)	တိုက်ပွဲငယ်	tai' pwe: nge
combattimento (m)	တိုက်ပွဲ	tai' pwe:
attacco (m)	တိုက်စစ်	tai' si'
assalto (m)	တဟုန်ထိုးတိုက်ခိုက်ခြင်း	tahoun
assalire (vt)	တရှိန်ထမ်းတိုက်ခိုက်သည်	tara gjan: dai' khai' te
assedio (m)	ဝန်းရံလုပ်ကြံခြင်း	wun: jan lou' chan gjin:
offensiva (f)	ထိုးစစ်	htou: zi'
passare all'offensiva	ထိုးစစ်ဆင်နွှဲသည်	htou: zi' hsin hnwe: de
ritirata (f)	ဆုတ်ခွာခြင်း	hsou' khwa gjin
ritirarsi (vr)	ဆုတ်ခွာသည်	hsou' khwa de
accerchiamento (m)	ဝန်းရံပိတ်ဆို့ထားခြင်း	wun: jan bei' zou. da: chin:
accerchiare (vt)	ဝန်းရံပိတ်ဆို့ထားသည်	wun: jan bei' zou. da: de
bombardamento (m)	ဗုံးကြဲချခြင်း	boun: gje: gja. gjin:
lanciare una bomba	ဗုံးကြဲချသည်	boun: gje: gja. de
bombardare (vt)	ဗုံးကြဲတိုက်ခိုက်သည်	boun: gje: dai' khai' te
esplosione (f)	ပေါက်ကွဲမှု	pau' kwe: hmu.
sparo (m)	ပစ်ချက်	pi' che'

Italiano	Birmano	Pronuncia
sparare un colpo	ပစ်သည်	pi' te
sparatoria (f)	ပစ်ခတ်ခြင်း	pi' che' chin:

puntare su ...	ပစ်မှတ်ရှိန်သည်	pi' hma' chein de
puntare (~ una pistola)	ရှိန်ရွယ်သည်	chein jwe de
colpire (~ il bersaglio)	ပစ်မှတ်ထိသည်	pi' hma' hti. de

affondare (mandare a fondo)	နစ်မြုပ်သည်	ni' mjou' te
falla (f)	အပေါက်	apau'
affondare (andare a fondo)	နစ်မြုပ်သည်	hni' hmjou' te

fronte (m) (~ di guerra)	ရှေ့တန်း	shei. dan:
evacuazione (f)	စစ်ဘေးရှောင်ခြင်း	si' bei: shaun gjin:
evacuare (vt)	စစ်ဘေးရှောင်သည်	si' bei: shaun de

trincea (f)	ကတုတ်ကျင်း	gadou kjin:
filo (m) spinato	သံဆူးကြိုး	than zu: gjou:
sbarramento (m)	အတားအဆီး	ata: ahsi:
torretta (f) di osservazione	မျှော်စင်	hmjo zin

ospedale (m) militare	ရှေ့တန်းဆေးရုံ	shei. dan: zi' zei: joun
ferire (vt)	ဒဏ်ရာရသည်	dan ja ja. de
ferita (f)	ဒဏ်ရာ	dan ja
ferito (m)	ဒဏ်ရာရသူ	dan ja ja. dhu
rimanere ferito	ဒဏ်ရာရစေသည်	dan ja ja. zei de
grave (ferita ~)	ပြင်းထန်သော	pjin: dan dho:

113. Guerra. Azioni militari. Parte 2

prigionia (f)	သုံ့ပန်း	thoun. ban:
fare prigioniero	သုံ့ပန်းအဖြစ်ဖမ်းသည်	thoun. ban: ahpji' hpan: de
essere prigioniero	သုံ့ပန်းဖြစ်သွားသည်	thoun. ban: bji' thwa: de
essere fatto prigioniero	သုံ့ပန်းအဖြစ် အဖမ်းခံရသည်	thoun. ban: ahpji' ahpan: gan ja. de

campo (m) di concentramento	ညှင်းပန်းနှိပ်စက်ရာစခန်း	hnjin: ban: nei' ze' ja za. gan:
prigioniero (m) di guerra	စစ်သုံ့ပန်း	si' thoun. ban:
fuggire (vi)	လွတ်မြောက်သည်	lu' mjau' te

tradire (vt)	သစ္စာဖောက်သည်	thi' sabau' te
traditore (m)	သစ္စာဖောက်သူ	thi' sabau' thu
tradimento (m)	သစ္စာဖောက်မှု	thi' sabau' hmu.

| fucilare (vt) | ပစ်သတ်ကွပ်မျက်ခံရသည် | pi' tha' ku' mje' khan ja. de |
| fucilazione (f) | ပစ်သတ်ကွပ်မျက်ခြင်း | pi' tha' ku' mje' chin: |

divisa (f) militare	ပစ္စည်းကိရိယာများ	pji' si: gi. ji. ja mja:
spallina (f)	ပခုံးဘားတန်း	pakhoun: ba: dan:
maschera (f) antigas	ဓာတ်ငွေ့ကာမျက်နှာဖုံး	da' ngwei. ga mje' na boun:

radiotrasmettitore (m)	ရေဒီယိုစက်ကွင်း	rei di jou ze' kwin:
codice (m)	လျှို့ဝှက် ကုဒ်သင်္ကေတ	shou. hwe' kou' dha
complotto (m)	လျှို့ဝှက်ခြင်း	shou hwe' chin:
parola (f) d'ordine	စကားဝှက်	zaga: hwe'

Italiano	Birmano	Traslitterazione
mina (f)	မြေမြှုပ်မိုင်း	mjei hmja' main:
minare (~ la strada)	မိုင်းထောင်သည်	main: daun de
campo (m) minato	မိုင်းမြေ	main: mjei
allarme (m) aereo	လေကြောင်းအန္တရာယ်သ တိပေးဥဩသံ	lei kjan: an da. ja dha. di. bei: nja. o. dhan
allarme (m)	သတိပေးခေါင်းလောင်းသံ	dhadi. pei: gaun: laun: dhan
segnale (m)	အချက်ပြ	ache' pja.
razzo (m) di segnalazione	အချက်ပြမီးကျည်	ache' pja. mi: gji
quartier (m) generale	ဌာနချုပ်	hta. na. gjou'
esplorazione (m)	ထောက်လှမ်းခြင်း	htau' hlan: gjin:
situazione (f)	အခြေအနေ	achei anei
rapporto (m)	အစီရင်ခံစာ	asi jin gan za
agguato (m)	ချုံစိုတိုက်ခိုက်ခြင်း	choun gou dai' khai' chin:
rinforzo (m)	စစ်ကူ	si' ku
bersaglio (m)	ပစ်မှတ်	pi' hma'
terreno (m) di caccia	လေ့ကျင့်ရေးကွင်း	lei. kjin. jei: gwin:
manovre (f pl)	စစ်ရေးလေ့ကျင့်မှု	si' jei: lei. gjin. hmu.
panico (m)	ထိပ်ထိပ်ပြာပြာဖြစ်ခြင်း	htei' htei' pja bja bji' chin:
devastazione (f)	ကြီးစွာသောအပျက်အစီး	kji: zwa dho apje' asi:
distruzione (m)	အပျက်အစီး	apje' asi:
distruggere (vt)	ဖျက်ဆီးသည်	hpje' hsi: de
sopravvivere (vi, vt)	အသက်ရှင်ကျန်ရစ်သည်	athe' shin kjin ja' te
disarmare (vt)	လက်နက်သိမ်းသည်	le' ne' thain de
maneggiare (una pistola, ecc.)	ကိုင်တွယ်သည်	kain dwe de
Attenti!	သတိ	thadi.
Riposo!	သက်သာ	the' tha
atto (m) eroico	စွန့်စားမှု	sun. za: hmu.
giuramento (m)	ကျမ်းသစ္စာ	kjan: thi' sa
giurare (vi)	ကျမ်းသစ္စာဆိုသည်	kjan: thi' sa hsou de
decorazione (f)	တန်ဆာဆင်မှု	tan za zin hmu.
decorare (qn)	ဆုတံဆိပ်ချီးမြှင့်သည်	hsu. dazei' chi: hmjin. de
medaglia (f)	ဆုတံဆိပ်	hsu. dazei'
ordine (m) (~ al Merito)	ဘွဲ့တံဆိပ်	bwe. dan zi'
vittoria (f)	အောင်ပွဲ	aun bwe:
sconfitta (m)	အရှုံး	ashoun:
armistizio (m)	စစ်ရပ်စဲရိုင်သဘော တူညီမှု	si' ja' hsain: dhabo: du nji hmu.
bandiera (f)	စ	san
gloria (f)	ထင်ပေါ်ကြော်ကြားမှု	htin bo gjo gja: hmu.
parata (f)	စစ်ရေးပြ	si' jei: bja.
marciare (in parata)	စစ်ရေးပြသည်	si' jei: bja. de

114. Armi

Italiano	Birmano	Pronuncia
armi (f pl)	လက်နက်	le' ne'
arma (f) da fuoco	ဒီးပွင့်သေနတ်	mi: bwin. dhei na'
arma (f) bianca	ခဲးအမျိုးမျိုး	da: mjou: mjou:
armi (f pl) chimiche	ဓာတုလက်နက်	da tu. le' ne'
nucleare (agg)	နျူကလီးယား	nju ka. li: ja:
armi (f pl) nucleari	နျူကလီးယားလက်နက်	nju ka. li: ja: le' ne'
bomba (f)	ဗုံး	boun:
bomba (f) atomica	အက်တမ်ဗုံး	e' tan boun:
pistola (f)	ပစ္စတို	pji' sa. tou
fucile (m)	ရိုင်ဖယ်	jain be
mitra (m)	မောင်းပြန်သေနတ်	maun: bjan dhei na'
mitragliatrice (f)	စက်သေနတ်	se' thei na'
bocca (f)	ပြောင်းဝ	pjaun: wa.
canna (f)	ပြောင်း	pjaun:
calibro (m)	သေနတ်ပြောင်းအချင်း	thei na' pjan: achin:
grilletto (m)	လုတ်	khalou'
mirino (m)	ချိန်ရွယ်ချက်	chein kwe'
caricatore (m)	ကျည်ကပ်	kji ke'
calcio (m)	သေနတ်ဒင်	thei na' din
bomba (f) a mano	လက်ပစ်ဗုံး	le' pi' boun:
esplosivo (m)	ပေါက်ကွဲစေသောပစ္စည်း	pau' kwe: zei de. bji' si:
pallottola (f)	ကျည်ဆံ	kji. zan
cartuccia (f)	ကျည်ဆံ	kji. zan
carica (f)	ကျည်ထိုးခြင်း	kji dou: gjin:
munizioni (f pl)	ခဲယမ်းမီးကျောက်	khe: jan: mi: kjau'
bombardiere (m)	ဗုံးကြဲလေယာဉ်	boun: gje: lei jin
aereo (m) da caccia	တိုက်လေယာဉ်	tai' lei jan
elicottero (m)	ရဟတ်ယာဉ်	jaha' jan
cannone (m) antiaereo	လေယာဉ်ပစ်စက်သေနတ်	lei jan pi' ze' dhei na'
carro (m) armato	တင့်ကား	tin. ga:
cannone (m)	တင့်အမြောက်	tin. amjau'
artiglieria (f)	အမြောက်	amjau'
cannone (m)	ရေးဝေတ်အမြောက်	shei: gi' amjau'
mirare a …	ချိန်ရွယ်သည်	chein jwe de
proiettile (m)	အမြောက်ဆံ	amjau' hsan
granata (f) da mortaio	ဗိန်ပြောင်းကျည်	sein bjaun: gji
mortaio (m)	ဗိန်ပြောင်း	sein bjaun:
scheggia (f)	ဗုံးစ	boun: za
sottomarino (m)	ရေအောက်နှင့်ဆိုင်သော	jei au' hnin. zain de.
siluro (m)	တော်ပီဒို	to pi dou
missile (m)	ဒုံး	doun:

caricare (~ una pistola)	ကျည်ထိုးသည်	kji dou: de
sparare (vi)	သေနတ်ပစ်သည်	thei na' pi' te
puntare su ...	ချိန်သည်	chein de
baionetta (f)	လှံစွပ်	hlan zu'
spada (f)	ရာပိယားရှည်	ra pi ja da: shei
sciabola (f)	စစ်သုံးဓားရှည်	si' thoun: da shi
lancia (f)	လှံ	hlan
arco (m)	လေး	lei:
freccia (f)	မြား	mja:
moschetto (m)	ပြောင်းရှောသေနတ်	pjaun: gjo: dhei na'
balestra (f)	ဒူးလေး	du: lei:

115. Gli antichi

primitivo (agg)	ရှေးဦးကာလ	shei: u: ga la.
preistorico (agg)	သမိုင်းမတိုင်မီကာလ	thamain: ma. dain mi ga la.
antico (agg)	ရှေးကျသော	shei: gja. de
Età (f) della pietra	ကျောက်ခေတ်	kjau' khi'
Età (f) del bronzo	ကြေးခေတ်	kjei: gei'
epoca (f) glaciale	ရေခဲခေတ်	jei ge: gei'
tribù (f)	မျိုးနွယ်စု	mjou: nwe zu.
cannibale (m)	လူသားစားလူရိုင်း	lu dha: za: lu jain:
cacciatore (m)	မုဆိုး	mou' hsou:
cacciare (vt)	အမဲလိုက်သည်	ame: lai' de
mammut (m)	အမွှေးရှည်ဆင်ကြီးတစ်မျိုး	ahmwei shei zin kji: ti' mjou:
caverna (f), grotta (f)	ဂူ	gu
fuoco (m)	မီး	mi:
falò (m)	မီးပုံ	mi: boun
pittura (f) rupestre	နံရံဆေးရေးပန်းချီ	nan jan zei: jei: ban: gji
strumento (m) di lavoro	ကိရိယာ	ki. ji. ja
lancia (f)	လှံ	hlan
ascia (f) di pietra	ကျောက်ပုဆိန်	kjau' pu. hsain
essere in guerra	စစ်ပွဲတွင်ပါဝင်ဆင် နွှဲသည်	si' pwe: dwin ba win zin hnwe: de
addomesticare (vt)	ယဉ်ပါးစေသည်	jin ba: zei de
idolo (m)	ရုပ်တု	jou' tu
idolatrare (vt)	ကိုးကွယ်သည်	kou: kwe de
superstizione (f)	အယူသီးခြင်း	aju dhi: gjin:
rito (m)	ရိုးရာထုံးတမ်းဓလေ့	jou: ja doun: dan: da lei.
evoluzione (f)	ဆင့်ကဲဖြစ်စဉ်	hsin. ke: hpja' sin
sviluppo (m)	ဖွံ့ဖြိုးတိုးတက်မှု	hpjun. bjou: dou: de' hmu.
estinzione (f)	ပျောက်ကွယ်ခြင်း	pjau' kwe gjin
adattarsi (vr)	နေသားကျနဲ့ပြင်ဆင်သည်	nei dha: gja. jan bjin zin de
archeologia (f)	ရှေးဟောင်းသုတေသန	shei: haun
archeologo (m)	ရှေးဟောင်းသုတေသ နပညာရှင်	shei: haun thu. dei dha. na. bji nja shin

Italiano	Birmano	Pronuncia
archeologico (agg)	ရေးဟောင်းသုတေသန နဲ့ဆိုင်ရာ	shei: haun thu. dei dha. na. zain ja
sito (m) archeologico	တူးဖော်ရာနေရာ	tu: hpo ja nei ja
scavi (m pl)	တူးဖော်မှုလုပ်ငန်း	tu: hpo hmu. lou' ngan:
reperto (m)	တွေ့ရှိချက်	twei. shi. gje'
frammento (m)	အပိုင်းအစ	apain: asa.

116. Il Medio Evo

Italiano	Birmano	Pronuncia
popolo (m)	လူမျိုး	lu mjou:
popoli (m pl)	လူမျိုး	lu mjou:
tribù (f)	မျိုးနွယ်စု	mjou: nwe zu.
tribù (f pl)	မျိုးနွယ်စုများ	mjou: nwe zu. mja:
barbari (m pl)	အရိုင်းအစိုင်းများ	ajou: asain: mja:
galli (m pl)	ဂေါလ်လူမျိုးများ	go l lu mjou: mja:
goti (m pl)	ဂေါတ်လူမျိုးများ	go. t lu mjou: mja:
slavi (m pl)	စလာ့ဗ်လူမျိုးများ	sala' lu mjou: mja:
vichinghi (m pl)	ဗိုက်ကင်းလူမျိုး	bai' kin: lu mjou:
romani (m pl)	ရောမလူမျိုး	ro: ma. lu mjou:
romano (agg)	ရောမနှင့်ဆိုင်သော	ro: ma. hnin. zain de
bizantini (m pl)	ဘိုင်ဇင်တိုင်လူမျိုးများ	bain zin dain lu mjou: mja:
Bisanzio (m)	ဘိုင်ဇင်တိုင်အင်ပါယာ	bain zin dain in ba ja
bizantino (agg)	ဘိုင်ဇင်တိုင်နှင့်ဆိုင်သော	bain zin dain hnin. zain de.
imperatore (m)	ဧကရာဇ်	ei gaja'
capo (m)	ခေါင်းဆောင်	gaun: zaun
potente (un re ~)	အင်အားကြီးသော	in a: kji: de.
re (m)	ဘုရင်	ba. jin
governante (m) (sovrano)	အုပ်ချုပ်သူ	ou' chou' thu
cavaliere (m)	ဆောင့်၊ ရဲသူရဲကောင်း	hsa bwe. ja. dhu je gaun:
feudatario (m)	မြေရှင်ပဒေသရာဇ်	mjei shin badei dhaja'
feudale (agg)	မြေရှင်ပဒေသရာဇ် စနစ်နှင့်ဆိုင်သော	mjei shin badei dhaja' sani' hnin. zain de.
vassallo (m)	မြေကျွန်	mjei gjun
duca (m)	မြို့စားကြီး	mjou. za: gji:
conte (m)	ဗြိတိသျှမျိုး မတ်သူရဲကောင်း	bri ti sha hmu: ma' thu je gaun:
barone (m)	ဘယ်ရွန် အမတ်	be jwan ama'
vescovo (m)	ဘုန်းတော်ကြီး	hpoun do: gji:
armatura (f)	ချပ်ဝတ်တန်ဆာ	cha' wu' tan za
scudo (m)	ဒိုင်း	dain:
spada (f)	ဓား	da:
visiera (f)	စစ်မျက်နှာကာ	si' mje' na ga
cotta (f) di maglia	သံကောချပ်ဝတ်တန်ဆာ	than za. ga gja' wu' tan za
crociata (f)	ရှေးခိုတ်ဘာသာရေးစစ်ပွဲ	kha ju: zei' ba dha jei: zi' pwe:
crociato (m)	ရှေးခိုတ်တိုက်ပွဲဝင်သူ	kha ju: zei' dai' bwe: win dhu
territorio (m)	နယ်မြေ	ne mjei

attaccare (vt)	တိုက်ခိုက်သည်	tai' khai' te
conquistare (vt)	သိမ်းပိုက်စိုးမိုးသည်	thain: bou' sou: mou: de
occupare (invadere)	သိမ်းပိုက်သည်	thain:
assedio (m)	ဝန်းရံလုပ်ကြံခြင်း	wun: jan lou' chan gjin:
assediato (agg)	ဝန်းရံလုပ်ကြံခံရသော	wun: jan lou' chan gan ja. de.
assediare (vt)	ဝန်းရံလုပ်ကြံသည်	wun: jan lou' chan de
inquisizione (f)	ကာသိုလိပ်ဘုရားကျောင်း တရားစီရင်အဖွဲ့	ka tho li' bou ja: gjan: ta. ja: zi jin ahpwe.
inquisitore (m)	စစ်ကြောမေးမြန်းသူ	si' kjo: mei: mjan: dhu
tortura (f)	ညှဉ်းပန်းနှိပ်စက်ခြင်း	hnjin: ban: hnei' se' chin:
crudele (agg)	ရက်စက်ကြမ်းကြုတ်သော	je' se' kjan: gjou' te.
eretico (m)	ဒိဋ္ဌိ	di hti
eresia (f)	မိစ္ဆာဒိဋ္ဌိ	mei' hsa dei' hti.
navigazione (f)	ပင်လယ်ပျော်	pin le bjo
pirata (m)	ပင်လယ်ဓားပြ	pin le da: bja.
pirateria (f)	ပင်လယ်ဓားပြတိုက်ခြင်း	pin le da: bja. tai' chin:
arrembaggio (m)	လှေကမ်းပတ်ပေါ် တိုက်ခိုက်ခြင်း	hlei goun: ba' po dou' hpou' chin:
bottino (m)	တိုက်ခိုက်ရရှိသောပစ္စည်း	tai' khai' ja. shi. dho: pji' si:
tesori (m)	ရတနာ	jadana
scoperta (f)	စူးစမ်းရှာဖွေခြင်း	su: zan: sha bwei gjin
scoprire (~ nuove terre)	စူးစမ်းရှာဖွေသည်	su: zan: sha bwei de
spedizione (f)	စူးစမ်းလေ့လာရေးခရီး	su: zan: lei. la nei: khaji:
moschettiere (m)	ပြောင်းရှောသေနတ် ကိုင်စစ်သား	pjaun: gjo: dhei na' kain si' tha:
cardinale (m)	ရေဂျင်းခရစ်ပွာန် ဘုန်းတော်ကြီး	jei bjan: khaji' jan boun: do gji:
araldica (f)	မျိုးရိုးဘွဲ့တံဆိပ် များလေ့လာခြင်းပညာ	mjou: jou: bwe. dan zai' mja: lei. la gjin: pi nja
araldico (agg)	မျိုးရိုးပညာလေ့လာခြင်း နှင့်ဆိုင်သော	mjou: pi nja lei. la gjin: hnin. zain de.

117. Leader. Capo. Le autorità

re (m)	ဘုရင်	ba jin
regina (f)	ဘုရင်မ	ba jin ma.
reale (agg)	ဘုရင်နှင့်ဆိုင်သော	ba. jin hnin. zain de
regno (m)	ဘုရင်အုပ်ချုပ်သောနိုင်ငံ	ba jin au' chou' dho nin gan
principe (m)	အိမ်ရှေ့မင်းသား	ein shei. min: dha:
principessa (f)	မင်းသမီး	min: dhami:
presidente (m)	သမ္မတ	thamada.
vicepresidente (m)	ဒုသမ္မတ	du. dhamada.
senatore (m)	ဆီနိတ်လွှတ်တော်အမတ်	hsi nei' hlwa' do: ama'
monarca (m)	သက်ဦးဆံပိုင်	the'
governante (m) (sovrano)	အုပ်ချုပ်သူ	ou' chou' thu
dittatore (m)	အာဏာရှင်	a na shin

tiranno (m)	ဗိနိုင်ချုပ်ချယ်သူ	hpana' chou' che dhu
magnate (m)	လုပ်ငန်းရှင်သူဌေးကြီး	lou' ngan: shin dhu dei: gji:

direttore (m)	ညွှန်ကြားရေးမှူး	hnjun gja: jei: hmu:
capo (m)	အကြီးအကဲ	akji: ake:
dirigente (m)	မန်နေဂျာ	man nei gji
capo (m)	အကြီးအကဲ	akji: ake:
proprietario (m)	ပိုင်ရှင်	pain shin

leader (m)	ခေါင်းဆောင်	gaun: zaun
capo (m) (~ delegazione)	အဖွဲ့ခေါင်းဆောင်	ahpwe. gaun: zaun:
autorità (f pl)	အာဏာပိုင်အဖွဲ့	a na bain ahpwe.
superiori (m pl)	အထက်လူကြီးများ	a hte' lu gji: mja:

governatore (m)	ပြည်နယ်အုပ်ချုပ်ရေးမှူး	pji ne ou' chou' jei: hmu:
console (m)	ကောင်စစ်ဝန်	kaun si' wun
diplomatico (m)	သံတမန်	than taman.
sindaco (m)	မြို့တော်ဝန်	mjou. do wun
sceriffo (m)	နယ်မြေတာဝန်ခံရဲအရာရှိ	ne mjei da wun gan je: aja shi.

imperatore (m)	ဧကရာဇ်	ei gaja'
zar (m)	ဇာဘုရင်	za bou jin
faraone (m)	ရှေးအီဂျစ်နိုင်ငံဘုရင်	shei: i gji' nain ngan bu. jin
khan (m)	ခန်	khan

118. Infrangere la legge. Criminali. Parte 1

bandito (m)	ဓားပြ	damja.
delitto (m)	ရာဇဝတ်မှု	raza. wu' hma.
criminale (m)	ရာဇဝတ်သား	raza. wu' tha:

ladro (m)	သူခိုး	thu khou:
rubare (vi, vt)	ခိုးသည်	khou: de
furto (m), ruberia (f)	ခိုးမှု	khou: hmu
ruberia (f)	ခိုးခြင်း	khou: chin:
reato (m) di furto	သူခိုး	thu khou:

rapire (vt)	ပြန်ပေးဆွဲသည်	pjan bei: zwe: de
rapimento (m)	ပြန်ပေးဆွဲခြင်း	pjan bei: zwe: gjin:
rapitore (m)	ပြန်ပေးသမား	pjan bei: dhama:

riscatto (m)	ပြန်ရွေးငွေ	pjan jwei: ngwei
chiedere il riscatto	ပြန်ပေးဆွဲသည်	pjan bei: zwe: de

rapinare (vt)	ဓားပြတိုက်သည်	damja. tai' te
rapina (f)	လုယက်မှု	lu. je' hmu.
rapinatore (m)	လုယက်သူ	lu. je' dhu

estorcere (vt)	ခြိမ်းခြောက်ပြီးငွေညှစ်သည်	chein: gjau' pji: ngwe hnji' te
estorsore (m)	ခြိမ်းခြောက်ငွေညှစ်သူ	chein: gjau' ngwe hnji' thu
estorsione (f)	ခြိမ်းခြောက်ပြီးငွေညှစ်ခြင်း	chein: gjau' pji: ngwe hnji' chin:

uccidere (vt)	သတ်သည်	tha' te

assassinio (m)	လူသတ်မှု	lu dha' hmu.
assassino (m)	လူသတ်သမား	lu dha' thama:
sparo (m)	ပစ်ချက်	pi' che'
tirare un colpo	ပစ်သည်	pi' te
abbattere (con armi da fuoco)	ပစ်ခတ်သည်	pi' tha' te
sparare (vi)	ပစ်သည်	pi' te
sparatoria (f)	ပစ်ချက်	pi' che'
incidente (m) (rissa, ecc.)	ဆူပူ	hsu. bu hmu.
rissa (f)	ရန်ပွဲ	jan bwe:
Aiuto!	ကူညီပါ	ku nji ba
vittima (f)	ရန်ပြုခံရသူ	jab bju. gan ja. dhu
danneggiare (vt)	ဖျက်ဆီးသည်	hpje' hsi: de
danno (m)	အပျက်အစီး	apje' asi:
cadavere (m)	အလောင်း	alaun:
grave (reato ~)	စိုးရိမ်ဖွယ်ဖြစ်သော	sou: jein bwe bji' te.
aggredire (vt)	တိုက်ခိုက်သည်	tai' khai' te
picchiare (vt)	ရိုက်သည်	jai' te
malmenare (picchiare)	ရိုက်သည်	jai' te
sottrarre (vt)	ယူသည်	ju de
accoltellare a morte	ထိုးသတ်သည်	htou: dha' te
mutilare (vt)	သေရာပါဒက်ရာရစေသည်	thei ja ba dan ja ja. zei de
ferire (vt)	ဒက်ရာရသည်	dan ja ja. de
ricatto (m)	ခြိမ်းခြောက်ငွေညှစ်ခြင်း	chein: gjau' ngwe hnji' chin:
ricattare (vt)	ခြိမ်းခြောက်ငွေညှစ်သည်	chein: gjau' ngwe hnji' te
ricattatore (m)	ခြိမ်းခြောက်ငွေညှစ်သူ	chein: gjau' ngwe hnji' thu
estorsione (f)	ရာဇဝတ်ဝိုက်းဆွဲ ကြေးကောက်ခြင်း	raza. wu' goun: hse' kjei: gau' chin:
estortore (m)	ဆက်ကြေးတောင်း-ရာ ဇဝတ်ဝိုက်း	hse' kjei: daun: ra za. wu' gain:
gangster (m)	လူဆိုးဂိုက်းဝင်	lu zou: gain: win
mafia (f)	မာဖီးယားဂိုက်း	ma bi: ja: gain:
borseggiatore (m)	ခါးပိုက်နှိုက်	kha: bai' hnai'
scassinatore (m)	ဖောက်ထွင်းသူခိုး	hpau' htwin: dhu gou:
contrabbando (m)	မှောင်ခို	hmaun gou
contrabbandiere (m)	မှောင်ခိုသမား	hmaun gou dhama:
falsificazione (f)	လိမ်လည်အတုပြုမှု	lein le atu. bju hmu.
falsificare (vt)	အတုလုပ်သည်	atu. lou' te
falso, falsificato (agg)	အတု	atu.

119. Infrangere la legge. Criminali. Parte 2

stupro (m)	မုဒိမ်းမှု	mu. dein: hmu.
stuprare (vt)	မုဒိန်းကျင့်သည်	mu. dein: gjin. de
stupratore (m)	မုဒိမ်းကျင့်သူ	mu. dein: gjin. dhu
maniaco (m)	အရူး	aju:
prostituta (f)	ပြည့်တန်ဆာ	pjei. dan za

Italiano	Birmano	Traslitterazione
prostituzione (f)	ပြည့်တန်ဆာမှု	pjei. dan za hmu.
magnaccia (m)	ဘာဂေါင်း	hpa gaun:
drogato (m)	ဆေးစွဲသူ	hsei: zwe: dhu
trafficante (m) di droga	မူးယစ်ဆေးရောင်းဝယ်သူ	mu: ji' hsei: jaun we dhu
far esplodere	ပေါက်ကွဲသည်	pau' kwe: de
esplosione (f)	ပေါက်ကွဲမှု	pau' kwe: hmu.
incendiare (vt)	မီးရှို့သည်	mi: shou. de
incendiario (m)	မီးရှို့မှုကျူးလွန်သူ	mi: shou. hmu. gju: lun dhu
terrorismo (m)	အကြမ်းဖက်ဝါဒ	akjan: be' wa da.
terrorista (m)	အကြမ်းဖက်သမား	akjan: be' tha. ma:
ostaggio (m)	ဓားစာခံ	daza gan
imbrogliare (vt)	လိမ်လည်သည်	lein le de
imbroglio (m)	လိမ်လည်မှု	lein le hmu.
imbroglione (m)	လူလိမ်	lu lein
corrompere (vt)	လာဘ်ထိုးသည်	la' htou: de
corruzione (f)	လာဘ်ပေးလာဘ်ယူ	la' pei: la' thu
bustarella (f)	လာဘ်	la'
veleno (m)	အဆိပ်	ahsei'
avvelenare (vt)	အဆိပ်ခတ်သည်	ahsei' kha' te
avvelenarsi (vr)	အဆိပ်သောက်သည်	ahsei' dhau' te
suicidio (m)	မိမိကိုယ်မိမိသတ်သေခြင်း	mi. mi. kou mi. mi. dha' thei gjin:
suicida (m)	မိမိကိုယ်မိမိသတ်သေသူ	mi. mi. kou mi. mi. dha' thei dhu
minacciare (vt)	ခြိမ်းခြောက်သည်	chein: gjau' te
minaccia (f)	ခြိမ်းခြောက်မှု	chein: gjau' hmu.
attentare (vi)	လုပ်ကြံသည်	lou' kjan de
attentato (m)	လုပ်ကြံခြင်း	lou' kjan gjin:
rubare (~ una macchina)	ခိုးသည်	khou: de
dirottare (~ un aereo)	လေယာဉ်အပိုင်စီးသည်	lei jan apain zi: de
vendetta (f)	လက်စားချေခြင်း	le' sa: gjei gjin:
vendicare (vt)	လက်စားချေသည်	le' sa: gjei de
torturare (vt)	ညှဉ်းပန်းနှိပ်စက်သည်	hnjin: ban: hnei' se' te
tortura (f)	ညှဉ်းပန်းနှိပ်စက်ခြင်း	hnjin: ban: hnei' se' chin:
maltrattare (vt)	နှိပ်စက်သည်	hnei' se' te
pirata (m)	ပင်လယ်ဓားပြ	pin le da: bja.
teppista (m)	လမ်းသရဲ	lan: dhaje:
armato (agg)	လက်နက်ကိုင်ဆောင်သော	le' ne' kain zaun de.
violenza (f)	ရက်စက်ကြမ်းကြုတ်မှု	je' se' kjan: gjou' hmu.
illegale (agg)	တရားမဝင်သော	taja: ma. win de.
spionaggio (m)	သူလျှိုလုပ်ခြင်း	thu shou lou' chin:
spiare (vi)	သူလျှိုလုပ်သည်	thu shou lou' te

120. Polizia. Legge. Parte 1

giustizia (f)	တရားမျှတမှု	taja: hmja. ta. hmu.
tribunale (m)	တရားရုံး	taja: joun:
giudice (m)	တရားသူကြီး	taja: dhu gji:
giurati (m)	ဂျူရီအဖွဲ့ဝင်များ	gju ji ahpwe. win mja:
processo (m) con giuria	ဂျူရီလူကြီးအဖွဲ့	gju ji lu gji: ahpwe.
giudicare (vt)	တရားစီရင်သည်	taja: zi jin de
avvocato (m)	ရှေ့နေ	shei. nei
imputato (m)	တရားပြိုင်	taja: bjain
banco (m) degli imputati	တရားရုံးဝက်ခြီ	taja: joun: we' khjan
accusa (f)	စွပ်စွဲခြင်း	su' swe: chin:
accusato (m)	တရားစွဲခံရသော	taja: zwe: gan ja. de.
condanna (f)	စီရင်ချက်	si jin gje'
condannare (vt)	စီရင်ချက်ချသည်	si jin gje' cha. de
colpevole (m)	တရားခံ	tajakhan
punire (vt)	ပြစ်ဒက်ပေးသည်	pji' dan bei: de
punizione (f)	ပြစ်ဒက်	pji' dan
multa (f), ammenda (f)	ဒက်ငွေ	dan ngwei
ergastolo (m)	တစ်သက်တစ်ကျွန်းပြစ်ဒက်	ti' te' ti' kjun: bji' dan
pena (f) di morte	သေဒက်	thei dan
sedia (f) elettrica	လျပ်စစ်ထိုင်ခံ	hlja' si' dain boun
impiccagione (f)	ကြိုးစင်	kjou: zin
giustiziare (vt)	ကွပ်မျက်သည်	ku' mje' te
esecuzione (f)	ကွပ်မျက်ခြင်း	ku' mje' gjin
prigione (f)	ထောင်	htaun
cella (f)	အကျဉ်းခန်း	achou' khan:
scorta (f)	အစောင့်အကြပ်	asaun. akja'
guardia (f) carceraria	ထောင်စောင့်	htaun zaun.
prigioniero (m)	ထောင်သား	htaun dha:
manette (f pl)	လက်ထိပ်	le' htei'
mettere le manette	လက်ထိပ်ခတ်သည်	le' htei' kha' te
fuga (f)	ထောင်ဖောက်ပြေးခြင်း	htaun bau' pjei: gjin:
fuggire (vi)	ထောင်ဖောက်ပြေးသည်	htaun bau' pjei: de
scomparire (vi)	ပျောက်ကွယ်သည်	pjau' kwe de
liberare (vt)	ထောင်မှလွှတ်သည်	htaun hma. lu' te
amnistia (f)	လွတ်ငြိမ်းချမ်းသာခွင့်	lu' njein: gjan: dha gwin.
polizia (f)	ရဲ	je:
poliziotto (m)	ရဲအရာရှိ	je: aja shi.
commissariato (m)	ရဲစခန်း	je: za. gan:
manganello (m)	သံတုတ်	than dou'
altoparlante (m)	လက်ကိုင်စပီကာ	le' kain za. bi ka
macchina (f) di pattuglia	ကင်းလှည့်ကား	kin: hle. ka:

Italiano	Birmano	Pronuncia
sirena (f)	အချက်ပေးညံသံ	ache' pei: ou' o: dhan
mettere la sirena	အချက်ပေးညံသံဆွဲသည်	ache' pei: ou' o: zwe: de
suono (m) della sirena	အချက်ပေးညံသံဆွဲသံ	ache' pei: ou' o: zwe: dhan
luogo (m) del crimine	အခင်းဖြစ်ပွါးရာနေရာ	achin: hpji' pwa: ja nei ja
testimone (m)	သက်သေ	the' thei
libertà (f)	လွတ်လပ်မှု	lu' la' hmu.
complice (m)	ကြံရာပါ	kjan ja ba
fuggire (vi)	ပုန်းသည်	poun: de
traccia (f)	ခြေရာ	chei ja

121. Polizia. Legge. Parte 2

Italiano	Birmano	Pronuncia
ricerca (f) (~ di un criminale)	ဝရမ်းရှာဖွေခြင်း	wajan: sha bwei gjin:
cercare (vt)	ရှာသည်	sha de
sospetto (m)	မသင်္ကာမှု	ma, dhin ga hmu.
sospetto (agg)	သံသယဖြစ်ဖွယ်ကောင်းသော	than thaja. bji' hpwe gaun: de.
fermare (vt)	ရပ်သည်	ja' te
arrestare (qn)	ထိန်းသိမ်းထားသည်	htein: dhein: da: de
causa (f)	အမှု	ahmu.
inchiesta (f)	စုံစမ်းစစ်ဆေးခြင်း	soun zan: zi' hsei: gjin:
detective (m)	စုံထောက်	soun dau'
investigatore (m)	အလျှတ်စုံထောက်	alu' zoun htau'
versione (f)	အဆိုကြမ်း	ahsou gjan:
movente (m)	စေ့ဆော်မှု	sei. zo hmu.
interrogatorio (m)	စစ်ကြောမှု	si' kjo: hmu.
interrogare (sospetto)	စစ်ကြောသည်	si' kjo: de
interrogare (vicini)	မေးမြန်းသည်	mei: mjan: de
controllo (m) (~ di polizia)	စစ်ဆေးသည်	si' hsei: de
retata (f)	ဝိုင်းဝန်းမှု	wain: wan: hmu.
perquisizione (f)	ရှာဖွေခြင်း	sha hpwei gjin:
inseguimento (m)	လိုက်လံဖမ်းဆီးခြင်း	lai' lan ban: zi: gjin:
inseguire (vt)	လိုက်သည်	lai' de
essere sulle tracce	ခြေရာခံသည်	chei ja gan de
arresto (m)	ဖမ်းဆီးခြင်း	hpan: zi: gjin:
arrestare (qn)	ဖမ်းဆီးသည်	hpan: zi: de
catturare (~ un ladro)	ဖမ်းမိသည်	hpan: mi. de
cattura (f)	သိမ်းခြင်း	thain: gjin:
documento (m)	စာရွက်စာတမ်း	sajwe' zatan:
prova (f), reperto (m)	သက်သေပြချက်	the' thei pja. gje'
provare (vt)	သက်သေပြသည်	the' thei pja. de
impronta (f) del piede	ခြေရာ	chei ja
impronte (f pl) digitali	လက်ဗွေရာများ	lei' bwei ja mja:
elemento (m) di prova	သဲလွန်စ	the: lun za.
alibi (m)	ဆင်ခြေ	hsin gjei
innocente (agg)	အပြစ်ကင်းသော	apja' kin: de.
ingiustizia (f)	မတရားမှု	ma. daja: hmu.

ingiusto (agg)	မတရားသော	ma. daja: de.
criminale (agg)	ပြုမှုကျူးလွန်သော	pju. hmu. gju: lun de.
confiscare (vt)	သိမ်းယူသည်	thein: ju de
droga (f)	မူးယစ်ဆေးဝါး	mu: ji' hsei: wa:
armi (f pl)	လက်နက်	le' ne'
disarmare (vt)	လက်နက်သိမ်းသည်	le' ne' thain de
ordinare (vt)	အမိန့်ပေးသည်	amin. bei: de
sparire (vi)	ပျောက်ကွယ်သည်	pjau' kwe de
legge (f)	ဥပဒေ	u. ba. dei
legale (agg)	ဥပဒေနှင့် ညီညွတ်သော	u. ba. dei hnin. nji nju' te.
illegale (agg)	ဥပဒေနှင့်မညီညွတ်သော	u. ba. dei hnin. ma. nji nju' te.
responsabilità (f)	တာဝန်ယူခြင်း	ta wun ju gjin:
responsabile (agg)	တာဝန်ရှိသော	ta wun shi. de.

LA NATURA

La Terra. Parte 1

122. L'Universo

Italiano	Burmese	Trascrizione
cosmo (m)	အာကာသ	akatha.
cosmico, spaziale (agg)	အာကာသနှင့်ဆိုင်သော	akatha. hnin zain dho:
spazio (m) cosmico	အာကာသဟင်းလင်းပြင်	akatha. hin: lin: bjin
mondo (m)	ကမ္ဘာ	ga ba
universo (m)	စကြဝဠာ	sa kja wa. la
galassia (f)	ကြယ်စုတန်း	kje zu. dan:
stella (f)	ကြယ်	kje
costellazione (f)	ကြယ်နက္ခတ်စု	kje ne' kha' zu.
pianeta (m)	ဂြိုဟ်	gjou
satellite (m)	ဂြိုဟ်ငယ်	gjou nge
meteorite (m)	ဥက္ကာခဲ	ou' ka ge:
cometa (f)	ကြယ်တံခွန်	kje dagun
asteroide (m)	ဂြိုဟ်သိမ်ဂြိုဟ်မွှား	gjou dhein gjou hmwa:
orbita (f)	ပတ်လမ်း	pa' lan:
ruotare (vi)	လည်သည်	le de
atmosfera (f)	လေထု	lei du.
il Sole	နေ	nei
sistema (m) solare	နေစကြဝဠာ	nei ze kja. wala
eclisse (f) solare	နေကြတ်ခြင်း	nei gja' chin:
la Terra	ကမ္ဘာလုံး	ga ba loun:
la Luna	လ	la.
Marte (m)	အင်္ဂါဂြိုဟ်	in ga gjou
Venere (f)	သောကြာဂြိုဟ်	thau' kja gjou'
Giove (m)	ကြာသပတေးဂြိုဟ်	kja dha ba. dei: gjou'
Saturno (m)	စနေဂြိုဟ်	sanei gjou'
Mercurio (m)	ဗုဒ္ဓဟူးဂြိုဟ်	bou' da. gjou'
Urano (m)	ယူရေးနတ်ဂြိုဟ်	ju rei: na' gjou
Nettuno (m)	နက်ပကျွန်းဂြိုဟ်	ne' pa. gjun: gjou
Plutone (m)	ပလူတိုဂြိုဟ်	pa lu tou gjou '
Via (f) Lattea	နဂါးငွေ့ကြယ်စုတန်း	na. ga: ngwe. gje zu dan:
Orsa (f) Maggiore	မျောက်ပိုင်းဂရိတ်ဘဲးရဲကြယ်စု	mjau' pain: gajei' be:j gje zu.
Stella (f) Polare	ဒုဝ်ကြယ်	du wan gje
marziano (m)	အင်္ဂါဂြိုဟ်သား	in ga gjou dha:
extraterrestre (m)	အခြားကမ္ဘာဂြိုဟ်သား	apja: ga ba gjou dha

Italiano	Birmano	Traslitterazione
alieno (m)	ဂြိုဟ်သား	gjou dha:
disco (m) volante	ပန်းကန်ပြားပျံ	bagan: bja: bjan
nave (f) spaziale	အာကာသယာဉ်	akatha. jin
stazione (f) spaziale	အာကာသစခန်း	akatha. za khan:
lancio (m)	လွှတ်တင်ခြင်း	hlu' tin gjin:
motore (m)	အင်ဂျင်	in gjin
ugello (m)	နို့ဇယ်	no ze
combustibile (m)	လောင်စာ	laun za
cabina (f) di pilotaggio	လေယာဉ်မောင်းအခန်း	lei jan maun akhan:
antenna (f)	အင်တန္နာတိုင်	in tan na tain
oblò (m)	ပြတင်း	badin:
batteria (f) solare	နေရောင်ခြည်သုံးဘတ်ထရီ	nei jaun gje dhoun: ba' hta ji
scafandro (m)	အာကာသဝတ်စုံ	akatha. wu' soun
imponderabilità (f)	အလေးချိန်ကင်းမဲ့ခြင်း	alei: gjein gin: me. gjin:
ossigeno (m)	အောက်ဆီဂျင်	au' hsi gjin
aggancio (m)	အာကာသထဲချိတ်ဆက်ခြင်း	akatha. hte: chei' hse' chin:
agganciarsi (vr)	အာကာသထဲချိတ်ဆက်သည်	akatha. hte: chei' hse' te
osservatorio (m)	နက္ခတ်မျှော်စင်	ne' kha' ta. mjo zin
telescopio (m)	အဝေးကြည့်မှန်ပြောင်း	awei: gji. hman bjaun:
osservare (vt)	လေ့လာကြည့်ရှုသည်	lei. la kji. hju. de
esplorare (vt)	သုတေသနပြုသည်	thu. tei thana bjou de

123. La Terra

Italiano	Birmano	Traslitterazione
la Terra	ကမ္ဘာမြေကြီး	ga ba mjei kji:
globo (m) terrestre	ကမ္ဘာလုံး	ga ba loun:
pianeta (m)	ဂြိုဟ်	gjou
atmosfera (f)	လေထု	lei du.
geografia (f)	ပထဝီဝင်	pahtawi win
natura (f)	သဘာဝ	tha. bawa
mappamondo (m)	ကမ္ဘာလုံး	ga ba loun:
carta (f) geografica	မြေပုံ	mjei boun
atlante (m)	မြေပုံစာအုပ်	mjei boun za ou'
Europa (f)	ဥရောပ	u. jo: pa
Asia (f)	အာရှ	a sha.
Africa (f)	အာဖရိက	apha. ri. ka.
Australia (f)	ဩစတြေးလျ	thja za djei: lja
America (f)	အမေရိက	amei ji ka
America (f) del Nord	မြောက်အမေရိက	mjau' amei ri. ka.
America (f) del Sud	တောင်အမေရိက	taun amei ri. ka.
Antartide (f)	အန္တာတိတ်	anta di'
Artico (m)	အာတိတ်	a tei'

124. Punti cardinali

nord (m)	မြောက်အရပ်	mjau' aja'
a nord	မြောက်ဘက်သို့	mjau' be' thou.
al nord	မြောက်ဘက်မှာ	mjau' be' hma
del nord (agg)	မြောက်အရပ်နှင့်ဆိုင်သော	mjau' aja' hnin. zain de.
sud (m)	တောင်အရပ်	taun aja'
a sud	တောင်ဘက်သို့	taun be' thou.
al sud	တောင်ဘက်မှာ	taun be' hma
del sud (agg)	တောင်အရပ်နှင့်ဆိုင်သော	taun aja' hnin. zain de.
ovest (m)	အနောက်အရပ်	anau' aja'
a ovest	အနောက်ဘက်သို့	anau' be' thou.
all'ovest	အနောက်ဘက်မှာ	anau' be' hma
dell'ovest, occidentale	အနောက်အရပ်နှင့်ဆိုင်သော	anau' aja' hnin. zain dho:
est (m)	အရှေ့အရပ်	ashei. aja'
a est	အရှေ့ဘက်သို့	ashei. be' hma
all'est	အရှေ့ဘက်မှာ	ashei. be' hma
dell'est, orientale	အရှေ့အရပ်နှင့်ဆိုင်သော	ashei. aja' hnin. zain de.

125. Mare. Oceano

mare (m)	ပင်လယ်	pin le
oceano (m)	သမုဒ္ဒရာ	thamou' daja
golfo (m)	ပင်လယ်ကွေ့	pin le gwe.
stretto (m)	ရေလက်ကြား	jei le' kja:
terra (f) (terra firma)	ကုန်းမြေ	koun: mei
continente (m)	တိုက်	tai'
isola (f)	ကျွန်း	kjun:
penisola (f)	ကျွန်းဆွယ်	kjun: zwe
arcipelago (m)	ကျွန်းစု	kjun: zu.
baia (f)	အော်	o
porto (m)	သင်္ဘောဆိပ်ကမ်း	thin: bo: zei' kan:
laguna (f)	ပင်လယ်ထုံးအိုင်	pin le doun: ain
capo (m)	အငူ	angu
atollo (m)	သန္တာကျောက်တန်းကျွန်းငယ်	than da gjau' tan: gjun: nge
scogliera (f)	ကျောက်တန်း	kjau' tan:
corallo (m)	သန္တာကောင်	than da gaun
barriera (f) corallina	သန္တာကျောက်တန်း	than da gjau' tan:
profondo (agg)	နက်သော	ne' te.
profondità (f)	အနက်	ane'
abisso (m)	ချောက်နက်ကြီး	chau ne' kji:
fossa (f) (~ delle Marianne)	မြောင်း	mjaun:
corrente (f)	ရေစီးကြောင်း	si: gaun:
circondare (vt)	ဝိုင်းသည်	wain: de

litorale (m)	ကမ်းစပ်	kan: za'
costa (f)	ကမ်းခြေ	kan: gjei
alta marea (f)	ရေတက်	jei de'
bassa marea (f)	ရေကျ	jei gja.
banco (m) di sabbia	သောင်စွယ်	thaun zwe
fondo (m)	ကျမ်းပြင်	kan: pjin
onda (f)	လှိုင်း	hlain:
cresta (f) dell'onda	လှိုင်းခေါင်းဖြူ	hlain: gaun: bju.
schiuma (f)	အမြှုပ်	a hmjou'
tempesta (f)	မုန်တိုင်း	moun dain:
uragano (m)	ဟာရီကိန်းမုန်တိုင်း	ha ji gain: moun dain:
tsunami (m)	ဆူနာမီ	hsu na mi
bonaccia (f)	ရေအေး	jei dhei
tranquillo (agg)	ငြိမ်သက်အေးဆေးသော	njein dhe' ei: zei: de.
polo (m)	ဝင်ရိုးစွန်း	win jou: zun
polare (agg)	ဝင်ရိုးစွန်းနှင့်ဆိုင်သော	win jou: zun hnin. zain de.
latitudine (f)	လတ္တီတွဒ်	la' ti. tu'
longitudine (f)	လောင်ဂျီတွဒ်	laun gji twa'
parallelo (m)	လတ္တီတွဒ်မျဉ်း	la' ti. tu' mjin:
equatore (m)	အီဂွေတာ	i kwei: da
cielo (m)	ကောင်းကင်	kaun: gin
orizzonte (m)	မိုးကုပ်စက်ဝိုင်း	mou kou' se' wain:
aria (f)	လေထု	lei du.
faro (m)	မီးပြတိုက်	mi: bja dai'
tuffarsi (vr)	ရေငုပ်သည်	jei ngou' te
affondare (andare a fondo)	ရေမြုပ်သည်	jei mjou' te
tesori (m)	ရတနာ	jadana

126. Nomi dei mari e degli oceani

Oceano (m) Atlantico	အတ္တလန္တိတ် သမုဒ္ဒရာ	a' ta. lan ti' thamou' daja
Oceano (m) Indiano	အိန္ဒိယ သမုဒ္ဒရာ	indi. ja thamou. daja
Oceano (m) Pacifico	ပစိဖိတ် သမုဒ္ဒရာ	pa. si. hpi' thamou' daja
mar (m) Glaciale Artico	အာတိတ် သမုဒ္ဒရာ	a tei' thamou' daja
mar (m) Nero	ပင်လယ်နက်	pin le ne'
mar (m) Rosso	ပင်လယ်နီ	pin le ni
mar (m) Giallo	ပင်လယ်ဝါ	pin le wa
mar (m) Bianco	ပင်လယ်ဖြူ	pin le bju
mar (m) Caspio	ကက်စပီယန် ပင်လယ်	ke' za. pi jan pin le
mar (m) Morto	ပင်လယ်သေ	pin le dhe:
mar (m) Mediterraneo	မြေထဲပင်လယ်	mjei hte: bin le
mar (m) Egeo	အေဂီယန်းပင်လယ်	ei gi jan: bin le
mar (m) Adriatico	အဒရီရာတစ်ပင်လယ်	a da yi ya ti' pin le
mar (m) Arabico	အာရေဘီးယန်း ပင်လယ်	a ra bi: an: bin le

mar (m) del Giappone	ဂျပန် ပင်လယ်	gja pan pin le
mare (m) di Bering	ဘယ်ရင်း ပင်လယ်	be jin: bin le
mar (m) Cinese meridionale	တောင်တရုတ်ပင်လယ်	taun dajou' pinle
mar (m) dei Coralli	ကော်ရယ်လ်ပင်လယ်	ko je l pin le
mar (m) di Tasman	တက်စမန်းပင်လယ်	te' sa. man: bin le
mar (m) dei Caraibi	ကာရေးဘီးယန်းပင်လယ်	ka rei: bi: jan: bin le
mare (m) di Barents	ဘာရန့်စ် ပင်လယ်	ba jan's bin le
mare (m) di Kara	ကာရာ ပင်လယ်	kara bin le
mare (m) del Nord	မြောက်ပင်လယ်	mjau' pin le
mar (m) Baltico	ဘော်လတိတ်ပင်လယ်	bo' l ti' pin le
mare (m) di Norvegia	နော်ဝေးရှီယန်း ပင်လယ်	no wei: bin le

127. Montagne

monte (m), montagna (f)	တောင်	taun
catena (f) montuosa	တောင်တန်း	taun dan:
crinale (m)	တောင်ကြော	taun gjo:
cima (f)	ထိပ်	htei'
picco (m)	တောင်ထွတ်	taun htu'
piedi (m pl)	တောင်ခြေ	taun gjei
pendio (m)	တောင်စောင်း	taun zaun:
vulcano (m)	မီးတောင်	mi: daun
vulcano (m) attivo	မီးတောင်ရှင်	mi: daun shin
vulcano (m) inattivo	မီးငြိမ်းတောင်	mi: njein: daun
eruzione (f)	မီးတောင်ပေါက်ကွဲခြင်း	mi: daun pau' kwe: gjin:
cratere (m)	မီးတောင်ဝ	mi: daun wa.
magma (m)	ကျောက်ရည်ပူ	kjau' ji bu
lava (f)	ချော်ရည်	cho ji
fuso (lava ~a)	အရည်ပျသော	ajam: bu de.
canyon (m)	တောင်ကြားချိုင့်ဝှမ်းနက်	taun gja: gjain. hwan: ne'
gola (f)	တောင်ကြား	taun gja:
crepaccio (m)	အက်ကွဲကြောင်း	e' kwe: gjaun:
precipizio (m)	ချောက်ကမ်းပါး	chau' kan: ba:
passo (m), valico (m)	တောင်ကြားလမ်း	taun gja: lan:
altopiano (m)	ကုန်းပြင်မြင့်	koun: bjin mjin:
falesia (f)	ကျောက်ဆောင်	kjau' hsain
collina (f)	တောင်ကုန်း	taun goun:
ghiacciaio (m)	ရေခဲမြစ်	jei ge: mji'
cascata (f)	ရေတံခွန်	jei dan khun
geyser (m)	ရေပူစမ်း	jei bu zan:
lago (m)	ရေကန်	jei gan
pianura (f)	မြေပြန့်	mjei bjan:
paesaggio (m)	ရှုခင်း	shu. gin:
eco (f)	ပဲ့တင်သံ	pe. din than

alpinista (m)	တောင်တက်သမား	taun de' thama:
scalatore (m)	ကျောက်တောင်တက်သမား	kjau' taun de dha ma:
conquistare (~ una cima)	အောင်နိုင်သူ	aun nain dhu
scalata (f)	တောင်တက်ခြင်း	taun de' chin:

128. Nomi delle montagne

Alpi (f pl)	အဲလ်ပ်တောင်	e.lp daun
Monte (m) Bianco	မောင့်ဘလန့်စ်တောင်	maun. ba. lan. s taun
Pirenei (m pl)	ပီရန်းနီးစ်တောင်	pi jan: ni:s taun
Carpazi (m pl)	ကာပသီယန့်စ်တောင်	ka pa. dhi jan s taun
gli Urali (m pl)	ယူရယ်တောင်တန်း	ju re daun dan:
Caucaso (m)	ကော်ကေးဆပ်တောင်တန်း	ko: kei: zi' taun dan:
Monte (m) Elbrus	အယ်ဘရပ်စ်တောင်	e ba. ja's daun
Monti (m pl) Altai	အယ်လတိုင်တောင်	e la. tain daun
Tien Shan (m)	တိုင်ယန်ရှန်းတောင်	tain jan shin: daun
Pamir (m)	ပါမီယာတောင်တန်း	pa mi ja daun dan:
Himalaia (m)	ဟိမဝန္တာတောင်တန်း	hi. ma. wan da daun dan:
Everest (m)	ဝေရဝါတောင်	ei wa. ja' taun
Ande (f pl)	အန်းဒီတောင်တန်း	an: di daun dan:
Kilimangiaro (m)	ကီလီမန်ဂျာဝိုတောင်	ki li man gja gou daun

129. Fiumi

fiume (m)	မြစ်	mji'
fonte (f) (sorgente)	စမ်း	san:
letto (m) (~ del fiume)	ရေကြောင်းကြောင်း	jei gjo: zi: gjaun:
bacino (m)	မြစ်ချိုင့်ဝှမ်း	mji' chain. hwan:
sfociare nel …	စီးဝင်သည်	si: win de
affluente (m)	မြစ်လက်တက်	mji' le' te'
riva (f)	ကမ်း	kan:
corrente (f)	စီးကြောင်း	si: gaun:
a valle	ရေယုန်	jei zoun
a monte	ရေဆန်	jei zan
inondazione (f)	ရေကြီးမှု	jei gji: hmu.
piena (f)	ရေလျှံခြင်း	jei shan gjin:
straripare (vi)	လျှံသည်	shan de
inondare (vt)	ရေလွှမ်းသည်	jei hlwan: de
secca (f)	ရေတိမ်ပိုင်း	jei dein bain:
rapida (f)	ရေအောက်ကျောက်ဆောင်	jei au' kjau' hsaun
diga (f)	ဆည်	hse
canale (m)	တူးမြောင်း	tu: mjaun:
bacino (m) di riserva	ရေလှောင်ကန်	jei hlaun gan
chiusa (f)	ရေလွှဲပေါက်	jei hlwe: bau'

specchio (m) d'acqua	ေရထု	jei du.
palude (f)	ရွှံ့ညွန်	shwan njun
pantano (m)	ဗို့အိုင်	sein. mjei
vortice (m)	ရေဝဲ	jei we:

ruscello (m)	ချောင်းကလေး	chaun: galei:
potabile (agg)	သောက်ရေ	thau' jei
dolce (di acqua ~)	ရေချို	jei gjou

ghiaccio (m)	ရေခဲ	jei ge:
ghiacciarsi (vr)	ရေခဲသည်	jei ge: de

130. Nomi dei fiumi

Senna (f)	စိန်မြစ်	sein mji'
Loira (f)	လော်ရီမြစ်	lo ji mji'

Tamigi (m)	သိမ်းမြစ်	thain: mji'
Reno (m)	ရိုင်းမြစ်	rain: mji'
Danubio (m)	ဒန်နယုပ်မြစ်	din na. ju mji'

Volga (m)	ဗော်လဂါမြစ်	bo la. ga mja'
Don (m)	ဒွန်မြစ်	dun mja'
Lena (f)	လီနာမြစ်	li na mji'

Fiume (m) Giallo	မြစ်ဝါ	mji' wa
Fiume (m) Azzurro	ရန်ဇီးမြစ်	jan zi: mji'
Mekong (m)	မဲခေါင်မြစ်	me: gaun mji'
Gange (m)	ဂင်္ဂါမြစ်	gan ga. mji'

Nilo (m)	နိုင်းမြစ်	nain: mji'
Congo (m)	ကွန်ဂိုမြစ်	kun gou mji'
Okavango	အိုကာဝန်ဂိုမြစ်	ai' hou ban
Zambesi (m)	ဇန်ဘီဇီးမြစ်	zan bi zi: mji'
Limpopo (m)	လင်ပိုပိုမြစ်	lin po pou mji'
Mississippi (m)	မစ်စစ္စပီမြစ်	mi' si. si. pi. mji'

131. Foresta

foresta (f)	သစ်တော	thi' to:
forestale (agg)	သစ်တောနှင့်ဆိုင်သော	thi' to: hnin. zain de.

foresta (f) fitta	ထူထပ်သောတော	htu da' te. do:
boschetto (m)	သစ်ပင်အုပ်	thi' pin ou'
radura (f)	တောတွင်းလဟာပြင်	to: dwin: la. ha bjin

roveto (m)	ချုံပိတ်ပေါင်း	choun bei' paun:
boscaglia (f)	ချုံထနောင်းတော	choun hta naun: de

sentiero (m)	လူသွားလမ်းကလေး	lu dhwa: lan: ga. lei:
calanco (m)	လျှို	shou
albero (m)	သစ်ပင်	thi' pin

Italiano	Birmano	Pronuncia
foglia (f)	သစ်ရွက်	thi' jwe'
fogliame (m)	သစ်ရွက်များ	thi' jwe' mja:
caduta (f) delle foglie	သစ်ရွက်ကြွခြင်း	thi' jwe' kjwei gjin:
cadere (vi)	သစ်ရွက်ကြွသည်	thi' jwe' kjwei de
cima (f)	အဖျား	ahpja:
ramo (m), ramoscello (m)	အကိုင်းခွဲ	akain: khwe:
ramo (m)	ပင်မကိုင်း	pin ma. gain:
gemma (f)	အဖူး	ahpu:
ago (m)	အပ်နှင့်တူသောအရွက်	a' hnin. bu de. ajwe'
pigna (f)	ထင်းရှူးသီး	htin: shu: dhi:
cavità (f)	အခေါင်းပေါက်	akhaun: bau'
nido (m)	ငှက်သိုက်	hnge' thai'
tana (f) (del fox, ecc.)	မြေတွင်း	mjei dwin:
tronco (m)	ပင်စည်	pin ze
radice (f)	အမြစ်	amji'
corteccia (f)	သစ်ခေါက်	thi' khau'
musco (m)	ရေညှိ	jei hnji.
sradicare (vt)	အမြစ်မှဆွဲနှုတ်သည်	amji' hma zwe: hna' te
abbattere (~ un albero)	ခုတ်သည်	khou' te
disboscare (vt)	တောပြုန်းစေသည်	to: bjoun: zei de
ceppo (m)	သစ်ငုတ်တို	thi' ngou' tou
falò (m)	မီးပုံ	mi: boun
incendio (m) boschivo	မီးလောင်ခြင်း	mi: laun gjin:
spegnere (vt)	မီးသတ်သည်	mi: tha' de
guardia (f) forestale	တောခေါင်း	to: gaun:
protezione (f)	သစ်တောဝန်ထမ်း	thi' to: wun dan:
proteggere (~ la natura)	ထိန်းသိမ်းစောင့်ရှောက်သည်	htein: dhein: zaun. shau' te
bracconiere (m)	ခိုးယူသူ	khou: ju dhu
tagliola (f) (~ per orsi)	သံမဏိထောင်ရှောက်	than mani. daun gjau'
raccogliere (~ i funghi)	ဆွတ်သည်	hsu' te
cogliere (~ le fragole)	ခူးသည်	khu: de
perdersi (vr)	လမ်းပျောက်သည်	lan: bjau' de

132. Risorse naturali

Italiano	Birmano	Pronuncia
risorse (f pl) naturali	သယံဇာတ	thajan za da.
minerali (m pl)	တွင်းထွက်ပစ္စည်း	twin: htwe' pji' si:
deposito (m) (~ di carbone)	နံ့	noun:
giacimento (m) (~ petrolifero)	ဓာတ်သတ္တုထွက်ရာမြေ	da' tha' tu dwe' ja mjei
estrarre (vt)	တူးဖော်သည်	tu: hpo de
estrazione (f)	တူးဖော်ခြင်း	tu: hpo gjin:
minerale (m) grezzo	သတ္တုရိုင်း	tha' tu. jain:
miniera (f)	သတ္တုတွင်း	tha' tu. dwin:
pozzo (m) di miniera	ပိုင်းတွင်း	main: dwin:
minatore (m)	သတ္တုတွင်း အလုပ်သမား	tha' tu. dwin: alou' thama:

gas (m)	ဓာတ်ငွေ့	da' ngwei.
gasdotto (m)	ဓါတ်ငွေ့ပိုက်လိုင်း	da' ngwei. bou' lain:
petrolio (m)	ရေနံ	jei nan
oleodotto (m)	ရေနံပိုက်လိုင်း	jei nan bou' lain:
torre (f) di estrazione	ရေနံတွင်း	jei nan dwin:
torre (f) di trivellazione	ရေနံစင်	jei nan zin
petroliera (f)	လောင်စာတင်သင်္ဘော	laun za din dhin bo:
sabbia (f)	သဲ	the:
calcare (m)	ထုံးကျောက်	htoun: gjau'
ghiaia (f)	ကျောက်စရစ်	kjau' sa. ji'
torba (f)	မြေဆွေးခဲ	mjei zwei: ge:
argilla (f)	မြေစေး	mjei zei:
carbone (m)	ကျောက်မီးသွေး	kjau' mi dhwei:
ferro (m)	သံ	than
oro (m)	ရွှေ	shwei
argento (m)	ငွေ	ngwei
nichel (m)	နီကယ်	ni ke
rame (m)	ကြေးနီ	kjei: ni
zinco (m)	သွပ်	thu'
manganese (m)	မဂ္ဂနီစ်	ma' ga. ni:s
mercurio (m)	ပြဒါး	bada:
piombo (m)	ခဲ	khe:
minerale (m)	သတ္တုဓာတ်	tha' tu. za:
cristallo (m)	သလင်းကျောက်	thalin: gjau'
marmo (m)	စကျင်ကျောက်	zagjin kjau'
uranio (m)	ယူရေနီယမ်	ju rei ni jan

La Terra. Parte 2

133. Tempo

tempo (m)	ရာသီဥတု	ja dhi nja. tu.
previsione (f) del tempo	မိုးလေဝသခန့်မှန်းချက်	mou: lei wa. dha. gan. hman: gje'
temperatura (f)	အပူချိန်	apu gjein
termometro (m)	သာမိုမီတာ	tha mou mi ta
barometro (m)	လေဖိအားတိုင်းကိရိယာ	lei bi. a: dain: gi. ji. ja
umido (agg)	စိုထိုင်းသော	sou htain: de
umidità (f)	စိုထိုင်းမှု	sou htain: hmu.
caldo (m), afa (f)	အပူရှိန်	apu shein
molto caldo (agg)	ပူလောင်သော	pu laun de.
fa molto caldo	ပူလောင်ခြင်း	pu laun gjin:
fa caldo	နွေးခြင်း	nwei: chin:
caldo, mite (agg)	နွေးသော	nwei: de.
fa freddo	အေးခြင်း	ei: gjin:
freddo (agg)	အေးသော	ei: de.
sole (m)	နေ	nei
splendere (vi)	သာသည်	tha de
di sole (una giornata ~)	နေသာသော	nei dha de.
sorgere, levarsi (vr)	နေထွက်သည်	nei dwe' te
tramontare (vi)	နေဝင်သည်	nei win de
nuvola (f)	တိမ်	tein
nuvoloso (agg)	တိမ်ထူသော	tein du de
nube (f) di pioggia	မိုးတိမ်	mou: dain
nuvoloso (agg)	ညို့မှိုင်းသော	njou. hmain: de.
pioggia (f)	မိုး	mou:
piove	မိုးရွာသည်	mou: jwa de.
piovoso (agg)	မိုးရွာသော	mou: jwa de.
piovigginare (vi)	မိုးဖွဲဖွဲရွာသည်	mou: bwe: bwe: jwa de
pioggia (f) torrenziale	သည်းထန်စွာရွာသောမိုး	thi: dan zwa jwa dho: mou:
acquazzone (m)	မိုးပုလဲနှင့်	mou: bu. zain
forte (una ~ pioggia)	မိုးသည်းသော	mou: de: de.
pozzanghera (f)	ရေအိုင်	jei ain
bagnarsi (~ sotto la pioggia)	မိုးမိသည်	mou: mi de
foschia (f), nebbia (f)	မြူ	mju
nebbioso (agg)	မြူထုထပ်သော	mju htu hta' te.
neve (f)	နှင်း	hnin:
nevica	နှင်းကျသည်	hnin: gja. de

134. Rigide condizioni metereologiche. Disastri naturali

temporale (m)	မိုးသက်မုန်တိုင်း	mou: dhe' moun dain:
fulmine (f)	လျှပ်စီး	hlja' si:
lampeggiare (vi)	လျှပ်ပြက်သည်	hlja' pje' te
tuono (m)	မိုးကြိုး	mou: kjou:
tuonare (vi)	မိုးကြိုးပစ်သည်	mou: gjou: pi' te
tuona	မိုးကြိုးပစ်သည်	mou: gjou: pi' te
grandine (f)	မိုးသီး	mou: dhi:
grandina	မိုးသီးကြွေသည်	mou: dhi: gjwei de
inondare (vt)	ရေကြီးသည်	jei gji: de
inondazione (f)	ရေကြီးမှု	jei gji: hmu.
terremoto (m)	ငလျင်	nga ljin
scossa (f)	တုန်ခါခြင်း	toun ga gjin:
epicentro (m)	ငလျင်ဗဟိုချက်	nga ljin ba hou che'
eruzione (f)	မီးတောင်ပေါက်ကွဲခြင်း	mi: daun pau' kwe: gjin:
lava (f)	ချော်ရည်	cho ji
tromba (f) d'aria	လေဆင်နှာမောင်း	lei zin hna maun:
tornado (m)	လေဆင်နှာမောင်း	lei zin hna maun:
tifone (m)	တိုင်ဖွန်းမုန်တိုင်း	tain hpun moun dain:
uragano (m)	ဟာရီကိန်းမုန်တိုင်း	ha ji gain: moun dain:
tempesta (f)	မုန်တိုင်း	moun dain:
tsunami (m)	ဆူနာမိ	hsu na mi
ciclone (m)	ဆိုင်ကလုန်းမုန်တိုင်း	hsain ga. loun: moun dain:
maltempo (m)	ဆိုးရွားသောရာသီဥတု	hsou: jwa: de. ja dhi u. tu.
incendio (m)	မီးလောင်ခြင်း	mi: laun gjin:
disastro (m)	ဘေးအန္တရာယ်	bei: an daje
meteorite (m)	ဥက္ကာခဲ	ou' ka ge:
valanga (f)	ရေခဲနှင့်ကျောက်တုံးများထိုးကျခြင်း	jei ge: hnin kjau' toun: mja: htou: gja. gjin:
slavina (f)	လေတိုက်ပြီးဖြစ်နေသောခင်းဝ	lei dou' hpji: bi' nei dho: hnin: boun
tempesta (f) di neve	နှင်းမုန်တိုင်း	hnin: moun dain:
bufera (f) di neve	နှင်းမုန်တိုင်း	hnin: moun dain:

Fauna

135. Mammiferi. Predatori

predatore (m)	သားရဲ	tha: je:
tigre (f)	ကျား	kja:
leone (m)	ခြင်္သေ့	chin dhei.
lupo (m)	ဝံပုလွေ	wun bu. lwei
volpe (m)	မြေခွေး	mjei gwei:
giaguaro (m)	ဂျာဂွာကျားသစ်မျိုး	gja gwa gja: dhi' mjou:
leopardo (m)	ကျားသစ်	kja: dhi'
ghepardo (m)	သစ်ကျွတ်	thi' kjou'
pantera (f)	ကျားသစ်နက်	kja: dhi' ne'
puma (f)	ပျူမားတောင်ခြင်္သေ့	pju. ma: daun gjin dhei.
leopardo (m) delle nevi	ရေခဲတောင်ကျားသစ်	jei ge: daun gja: dhi'
lince (f)	လင့်ကြောင်မြီးတို	lin. gjaun mji: dou
coyote (m)	ဝံပုလွေငယ်တစ်မျိုး	wun bu. lwei nge di' mjou:
sciacallo (m)	ခွေးအ	khwei: a.
iena (f)	ဟိုင်အီးနား	hain i: na:

136. Animali selvatici

animale (m)	တိရစ္ဆာန်	tharei' hsan
bestia (f)	ခြေလေးချောင်းသတ္တဝါ	chei lei: gjaun: dhadawa
scoiattolo (m)	ရှဉ့်	shin.
riccio (m)	ဖြူကောင်	hpju gaun
lepre (f)	တောယုန်ကြီး	to: joun gji:
coniglio (m)	ယုန်	joun
tasso (m)	ခွေးတူဝက်တူကောင်	khwei: du we' tu gaun
procione (f)	ရက်ကွန်းဝံ	je' kwan: wan
criceto (m)	မြီးတိုပါးတွဲကြွက်	mji: dou ba: dwe: gjwe'
marmotta (f)	မားမို့တ်ကောင်	ma: mou. t gaun
talpa (f)	ပွေး	pwei:
topo (m)	ကြွက်	kjwe'
ratto (m)	မြေကြွက်	mjei gjwe'
pipistrello (m)	လင်းနို့	lin: nou.
ermellino (m)	အာမင်ကောင်	a: min gaun
zibellino (m)	ဆေဘယ်	hsei be
martora (f)	အသားစားအကောင်ငယ်	atha: za: akaun nge
donnola (f)	သားစားဖျံ	tha: za: bjan
visone (m)	မင့်ခမြွေပါ	min kh mjwei ba

Italiano	Birmano	Pronuncia
castoro (m)	ဖျံကြီးတစ်မျိုး	hpjan gji: da' mjou:
lontra (f)	ဖျံ	hpjan
cavallo (m)	မြင်း	mjin:
alce (m)	ဦးချိုပြားသော သမင်ကြီး	u: gjou bja: dho: thamin gji:
cervo (m)	သမင်	thamin
cammello (m)	ကုလားအုတ်	kala: ou'
bisonte (m) americano	အမေရိကန်ပြောင်	amei ji kan pjaun
bisonte (m) europeo	အောရက်စ်	o: re' s
bufalo (m)	ကျွဲ	kjwe:
zebra (f)	မြင်းကျား	mjin: gja:
antilope (f)	အပြေးမြန်သော တောဆိတ်	apjei: mjan de. hto: zei'
capriolo (m)	အရယ်ငယ်တစ်မျိုး	da. je nge da' mjou:
daino (m)	အရယ်	da. je
camoscio (m)	တောင်ဆိတ်	taun zei'
cinghiale (m)	တောဝက်ထီး	to: we' hti:
balena (f)	ဝေလငါး	wei la. nga:
foca (f)	ပင်လယ်ဖျံ	pin le bjan
tricheco (m)	ဝေါရပ်စ်ဖျံ	wo: ra's hpjan
otaria (f)	အမွေးပါသောပင်လယ်ဖျံ	amwei: pa dho: bin le hpjan
delfino (m)	လင်းပိုင်	lin: bain
orso (m)	ဝက်ဝံ	we' wun
orso (m) bianco	ဝိုလာဝက်ဝံ	pou la we' wan
panda (m)	ပန်ဒါဝက်ဝံ	pan da we' wan
scimmia (f)	မျောက်	mjau'
scimpanzè (m)	ချင်ပင်ဇီမျောက်ဝံ	chin pin zi mjau' wan
orango (m)	အော်ရန်အူတန်လူဝံ	o ran u tan lu wun
gorilla (m)	ဂေါရီလာမျောက်ဝံ	go ji la mjau' wun
macaco (m)	မာကာဂွေးမျောက်	ma ga gwei mjau'
gibbone (m)	မျောက်လွှဲကျော်	mjau' hlwe: gjo
elefante (m)	ဆင်	hsin
rinoceronte (m)	ကြံ့	kjan.
giraffa (f)	သစ်ကုလားအုတ်	thi' ku. la ou'
ippopotamo (m)	ရေမြင်း	jei mjin:
canguro (m)	သားပိုက်ကောင်	tha: bai' kaun
koala (m)	ကိုအာလာဝက်ဝံ	kou a la we' wun
mangusta (f)	မွေပါ	mwei ba
cincillà (f)	ချင်းချီလာ	chin: chi la
moffetta (f)	စကန့်ဖျံ	sakan. kh hpjan
istrice (m)	ဖြူ	hpju

137. Animali domestici

Italiano	Birmano	Pronuncia
gatta (f)	ကြောင်	kjaun
gatto (m)	ကြောင်ထီး	kjaun di:
cane (m)	ခွေး	khwei:

cavallo (m)	မြင်း	mjin:
stallone (m)	မြင်းထီး	mjin: di:
giumenta (f)	မြင်းမ	mjin: ma.
mucca (f)	နွား	nwa:
toro (m)	နွားထီး	nwa: di:
bue (m)	နွားထီး	nwa: di:
pecora (f)	သိုး	thou:
montone (m)	သိုးထီး	thou: hti:
capra (f)	ဆိတ်	hsei'
caprone (m)	ဆိတ်ထီး	hsei' hti:
asino (m)	မြည်း	mji:
mulo (m)	လား	la:
porco (m)	ဝက်	we'
porcellino (m)	ဝက်ကလေး	we' ka lei:
coniglio (m)	ယုန်	joun
gallina (f)	ကြက်	kje'
gallo (m)	ကြက်ဖ	kje' pha.
anatra (f)	ဘဲ	be:
maschio (m) dell'anatra	ဘဲထီး	be: di:
oca (f)	ဘဲငန်း	be: ngan:
tacchino (m)	ကြက်ဆင်	kje' hsin
tacchina (f)	ကြက်ဆင်	kje' hsin
animali (m pl) domestici	အိမ်မွေးတိရစ္ဆာန်များ	ein mwei: ti. ji. swan mja:
addomesticato (agg)	ယဉ်ပါးသော	jin ba: de.
addomesticare (vt)	ယဉ်ပါးစေသည်	jin ba: zei de
allevare (vt)	သားပေါက်သည်	tha: bau' te
fattoria (f)	စိုက်ပျိုးမွေးမြူရေးခြံ	sai' pjou: mwei: mju jei: gjan
pollame (m)	ကြက်ဥက်တိရစ္ဆာန်	kje' ti ji za hsan
bestiame (m)	ကျွဲနွားတိရစ္ဆာန်	kjwe: nwa: tarei. zan
branco (m), mandria (f)	အုပ်	ou'
scuderia (f)	မြင်းဇောင်း	mjin: zaun:
porcile (m)	ဝက်ခြံ	we' khan
stalla (f)	နွားတင်းကုပ်	nwa: din: gou'
conigliera (f)	ယုန်အိမ်	joun ein
pollaio (m)	ကြက်လှောင်အိမ်	kje' hlaun ein

138. Uccelli

uccello (m)	ငှက်	hnge'
colombo (m), piccione (m)	ခို	khou
passero (m)	စာကလေး	sa ga. lei:
cincia (f)	စာဝတီငှက်	sa wadi: hnge'
gazza (f)	ငှက်ကျား	hnge' kja:
corvo (m)	ကျီးနက်	kji: ne'

cornacchia (f)	ကျီးကန်း	kji: kan:
taccola (f)	ဥရောပကျီးတစ်မျိုး	u. jo: pa gji: di' mjou:
corvo (m) nero	ကျီးအ	kji: a.
anatra (f)	ဘဲ	be:
oca (f)	ဘဲငန်း	be: ngan:
fagiano (m)	ရစ်ငှက်	ji' hnge'
aquila (f)	လင်းယုန်	lin: joun
astore (m)	သိမ်းငှက်	thain: hnge'
falco (m)	အမဲလိုက်သိမ်းငှက်တစ်မျိုး	ame: lai' thein: hnge' ti' mjou:
grifone (m)	လင်းတ	lin: da.
condor (m)	တောင်အမေရိကလင်းတ	taun amei ri. ka. lin: da.
cigno (m)	ငန်း	ngan:
gru (f)	ငှက်ကုလား	hnge' ku. la:
cicogna (f)	ချည်ခင်စွပ်ငှက်	che gin zu' hnge'
pappagallo (m)	ကြက်တူရွေး	kje' tu jwei:
colibrì (m)	ငှက်ပိတုန်း	hnge' pi. doun:
pavone (m)	ဥဒေါင်း	u. daun:
struzzo (m)	ငှက်ကုလားအုတ်	hnge' ku. la: ou'
airone (m)	ဗျာင်ငှက်	nga hi' hnge'
fenicottero (m)	ကျိုးကြားနီ	kjou: kja: ni
pellicano (m)	ငှက်ကျားဝမ်းဗိုက်	hnge' kji: wun bou
usignolo (m)	တေးဆိုငှက်	tei: hsou hnge'
rondine (f)	ပျံလွှား	pjan hlwa:
tordo (m)	မြေလူးငှက်	mjei lu: hnge'
tordo (m) sasello	တေးဆိုမြေလူးငှက်	tei: hsou mjei lu: hnge'
merlo (m)	ငှက်မည်း	hnge' mji:
rondone (m)	ပျံလွှားတစ်မျိုး	pjan hlwa: di' mjou:
allodola (f)	ဘီလုံးငှက်	bi loun: hnge'
quaglia (f)	ငုံး	ngoun:
picchio (m)	သစ်တောက်ငှက်	thi' tau' hnge'
cuculo (m)	ဥဩငှက်	udhja hnge'
civetta (f)	ဇီးကွက်	zi: gwe
gufo (m) reale	သိမ်းငှက်အနွယ်ဝင်ဇီးကွက်	thain: hnge' anwe win zi: gwe'
urogallo (m)	ရစ်	ji'
fagiano (m) di monte	ရစ်နက်	ji' ne'
pernice (f)	ခါ	kha
storno (m)	ကျွဲဆက်ရက်	kjwe: hse' je'
canarino (m)	စာဝါငှက်	sa wa hnge'
francolino (m) di monte	ရစ်ညို	ji' njou
fringuello (m)	စာကျွဲခေါင်း	sa gjwe: gaun:
ciuffolotto (m)	စာကျွဲခေါင်းငှက်	sa gjwe: gaun: hngwe'
gabbiano (m)	စင်ရော်	sin jo
albatro (m)	ပင်လယ်စင်ရော်ကြီး	pin le zin jo gji:
pinguino (m)	ပင်ဂွင်း	pin gwin:

139. Pesci. Animali marini

Italiano	Birmano	Traslitterazione
abramide (f)	ငါးကြင်းတစ်မျိုး	nga: gjin: di' mjou
carpa (f)	ငါးကြင်း	nga gjin:
perca (f)	ငါးပြေမတစ်မျိုး	nga: bjei ma. di' mjou:
pesce (m) gatto	ငါးခူ	nga: gu
luccio (m)	ပိုက်ငါး	pai' nga
salmone (m)	ဆော်လမွန်ငါး	hso: la. mun nga:
storione (m)	စတာဂျင်ငါးကြီးမျိုး	sata gjin nga: gji: mjou:
aringa (f)	ငါးသလောက်	nga: dha. lau'
salmone (m)	ဆော်လမွန်ငါး	hso: la. mun nga:
scombro (m)	မက်ကရယ်ငါး	me' ka. je nga:
sogliola (f)	ဥရောပ ငါးခွေ လျှာဝါတစ်မျိုး	u. jo: pa nga: gwe: sha di' mjou:
lucioperca (f)	ငါးပြေမအနွယ် ဝင်ငါးတစ်မျိုး	nga: bjei ma. anwe win nga: di' mjou:
merluzzo (m)	ငါးကြီးဝီထုတ်သောငါး	nga: gji: zi dou' de. nga:
tonno (m)	တူနာငါး	tu na nga:
trota (f)	ထရောက်ငါး	hta. jau' nga:
anguilla (f)	ငါးရှဉ့်	nga: shin.
torpedine (f)	ငါးလက်တုံ့	nga: le' htoun
murena (f)	ငါးရှဉ့်ကြီးတစ်မျိုး	nga: shin. gji: da' mjou:
piranha (f)	အသားစားငါးငယ်တစ်မျိုး	atha: za: nga: nge ti' mjou:
squalo (m)	ငါးမန်း	nga: man:
delfino (m)	လင်းပိုင်	lin: bain
balena (f)	ဝေလငါး	wei la. nga:
granchio (m)	ကဏန်း	kanan:
medusa (f)	ငါးဖန်ခွက်	nga: hpan gwe'
polpo (m)	ရေဘဝဲ	jei ba. we:
stella (f) marina	ကြယ်ငါး	kje nga:
riccio (m) di mare	သိပုချုပ်	than ba. gjou'
cavalluccio (m) marino	ရေနဂါး	jei naga:
ostrica (f)	ကမာကောင်	kama kaun
gamberetto (m)	ပုစွန်	bazun
astice (m)	ကျောက်ပုစွန်	kjau' pu. zun
aragosta (f)	ကျောက်ပုစွန်	kjau' pu. zun

140. Anfibi. Rettili

Italiano	Birmano	Traslitterazione
serpente (m)	မြွေ	mwei
velenoso (agg)	အဆိပ်ရှိသော	ahsei' shi. de.
vipera (f)	မြွေပွေး	mwei bwei:
cobra (m)	မြွေဟောက်	mwei hau'
pitone (m)	စပါးအုံးမြွေ	saba: oun: mwei

boa (m)	ပါးကြီးခြေ	saba: gji: mwei
biscia (f)	မြက်လျောခြေ	mje' sho: mwei
serpente (m) a sonagli	ေလောက်ဆွဲခြေ	kha. lau' hswe: mwei
anaconda (f)	အနာကွန်ဒါခြေ	ana kun da mwei
lucertola (f)	တွားသွားသတ္တဝါ	twa: dhwa: tha' tawa
iguana (f)	ဖွတ်	hpu'
varano (m)	ပုတ်သင်	pou' thin
salamandra (f)	ရေပုတ်သင်	jei bou' thin
camaleonte (m)	ပုတ်သင်ညို	pou' thin njou
scorpione (m)	ကင်းမြီးကောက်	kin: mji: kau'
tartaruga (f)	လိပ်	lei'
rana (f)	ဖား	hpa:
rospo (m)	ဖားပြုပ်	hpa: bju'
coccodrillo (m)	မိကျောင်း	mi. kjaun:

141. Insetti

insetto (m)	ပိုးမွှား	pou: hmwa:
farfalla (f)	လိပ်ပြာ	lei' pja
formica (f)	ပုရွက်ဆိတ်	pu. jwe' hsei'
mosca (f)	ယင်ကောင်	jin gaun
zanzara (f)	ခြင်	chin
scarabeo (m)	ပိုးတောင်မာ	pou: daun ma
vespa (f)	နကျယ်ကောင်	na. gje gaun
ape (f)	ပျား	pja:
bombo (m)	ပိတုန်း	pi. doun:
tafano (m)	မှက်	hme'
ragno (m)	ပင့်ကူ	pjin. gu
ragnatela (f)	ပင့်ကူအိမ်	pjin gu ein
libellula (f)	ပုစဉ်း	bazin
cavalletta (f)	နှံကောင်	hnan gaun
farfalla (f) notturna	ပိုးဖလံ	pou: ba. lan
scarafaggio (m)	ပိုးဟပ်	pou: ha'
zecca (f)	မွှား	hmwa:
pulce (f)	သန်း	than:
moscerino (m)	မှက်အသေးစား	hme' athei: za:
locusta (f)	ကျိုင်းကောင်	kjain: kaun
lumaca (f)	ခရု	khaju.
grillo (m)	ပုရစ်	paji'
lucciola (f)	ပိုးစုန်းကြူး	pou: zoun: gju:
coccinella (f)	လေဒီဘာပိုးတောင်မာ	lei di ba' pou: daun ma
maggiolino (m)	အုန်းပိုး	oun: bou:
sanguisuga (f)	မျှော့	hmjo.
bruco (m)	ပေါက်ဖက်	pau' hpe'
verme (m)	တီကောင်	ti gaun
larva (f)	ပိုးတုံးလုံး	pou: doun: loun:

Flora

142. Alberi

albero (m)	သစ်ပင်	thi' pin
deciduo (agg)	ရွက်ပြုတ်	jwe' pja'
conifero (agg)	ထင်းရှူးပင်နှင့်ဆိုင်သော	htin: shu: bin hnin. zain de.
sempreverde (agg)	အဲဗားဂရင်းပင်	e ba: ga rin: bin
melo (m)	ပန်းသီးပင်	pan: dhi: bin
pero (m)	သစ်တော်ပင်	thi' to bin
ciliegio (m)	ချယ်ရီသီးအချိုပင်	che ji dhi: akjou bin
amareno (m)	ချယ်ရီသီးအချဉ်ပင်	che ji dhi: akjin bin
prugno (m)	ဆီးပင်	hsi: bin
betulla (f)	ဘူဇဘတ်ပင်	bu. za. ba' pin
quercia (f)	ဝက်သစ်ချပင်	we' thi' cha. bin
tiglio (m)	လင်ဒန်ပင်	lin dan pin
pioppo (m) tremolo	ပေါ်ပလာပင်တမျိုး	po. pa. la bin di' mjou:
acero (m)	မေပယ်ပင်	mei pe bin
abete (m)	ထင်းရှူးပင်တမျိုး	htin: shu: bin ti' mjou:
pino (m)	ထင်းရှူးပင်	htin: shu: bin
larice (m)	ကတောပုံထင်းရှူးပင်	ka dau. boun din: shu: pin
abete (m) bianco	ထင်းရှူးပင်တမျိုး	htin: shu: bin ti' mjou:
cedro (m)	သစ်ကတိုးပင်	thi' gadou: bin
pioppo (m)	ပေါ်ပလာပင်	po. pa. la bin
sorbo (m)	ရာအန်ပင်	ra an bin
salice (m)	မိုးမဂပင်	mou: ma. ga. bin
alno (m)	အိုလ်ဒါပင်	oun da bin
faggio (m)	ယင်းသစ်	jin: dhi'
olmo (m)	အမ်ပင်	an bin
frassino (m)	အက်ရှ်အပင်	e' sh apin
castagno (m)	သစ်အယ်ပင်	thi' e
magnolia (f)	တတိုင်းမွှေးပင်	ta tain: hmwei: bin
palma (f)	ထန်းပင်	htan: bin
cipresso (m)	စိုက်ပရက်စ်ပင်	sai' pa. je's pin
mangrovia (f)	လမုပင်	la. mu. bin
baobab (m)	ကွန်နာရဘေပေါက်ပင်တမျိုး	kan ta ja. bau' bin di' chju:
eucalipto (m)	ယူကာလစ်ပင်	ju kali' pin
sequoia (f)	ဆီကွိုင်လာပင်	hsi gwou la pin

143. Arbusti

cespuglio (m)	ချုံပုတ်	choun bou'
arbusto (m)	ချုံ	choun

Italiano	Birmano	Traslitterazione
vite (f)	စပျစ်	zabji'
vigneto (m)	စပျစ်ခြံ	zabji' chan
lampone (m)	ရတ်စဘယ်ရီ	re' sa be ji
ribes (m) nero	ဘလက်ကားရန့်	ba. le' ka: jan.
ribes (m) rosso	အနီရောင်ဘယ်ရီသီး	ani jaun be ji dhi:
uva (f) spina	ကုလားဆီးဖျူပင်	kala: zi: hpju pin
acacia (f)	အကေရှားပင်	akei sha: bin:
crespino (m)	ဘားဘယ်ရီပင်	ba: be' ji bin
gelsomino (m)	စံပယ်ပင်	san be bin
ginepro (m)	ဂျုနီပါပင်	gju ni ba bin
roseto (m)	နှင်းဆီခြံ	hnin: zi gjun
rosa (f) canina	တောရိုင်းနှင်းဆီပင်	to: ein: hnin: zi bin

144. Frutti. Bacche

Italiano	Birmano	Traslitterazione
frutto (m)	အသီး	athi:
frutti (m pl)	အသီးများ	athi: mja:
mela (f)	ပန်းသီး	pan: dhi:
pera (f)	သစ်တော်သီး	thi' to dhi:
prugna (f)	ဆီးသီး	hsi: dhi:
fragola (f)	စတော်ဘယ်ရီသီး	sato be ri dhi:
amarena (f)	ချယ်ရီချဉ်သီး	che ji gjin dhi:
ciliegia (f)	ချယ်ရီချိုသီး	che ji gjou dhi:
uva (f)	စပျစ်သီး	zabji' thi:
lampone (m)	ရတ်စဘယ်ရီ	re' sa be ji
ribes (m) nero	ဘလက်ကားရန့်	ba. le' ka: jan.
ribes (m) rosso	အနီရောင်ဘယ်ရီသီး	ani jaun be ji dhi:
uva (f) spina	ကလားဆီးဖျူ	ka. la: his: hpju
mirtillo (m) di palude	ကရမ်ဘယ်ရီ	ka. jan be ji
arancia (f)	လိမ္မော်သီး	limmo dhi:
mandarino (m)	ပျားလိမ္မော်သီး	pja: lein mo dhi:
ananas (m)	နာနတ်သီး	na na' dhi:
banana (f)	ငှက်ပျောသီး	hnge' pjo: dhi:
dattero (m)	စွန်ပလွံသီး	sun palun dhi:
limone (m)	သံပုရာသီး	than bu. jou dhi:
albicocca (f)	တရုတ်ဆီးသီး	jau' hsi: dhi:
pesca (f)	မက်မွန်သီး	me' mwan dhi:
kiwi (m)	ကီဝီသီး	ki wi dhi
pompelmo (m)	ဂရိတ်ဖရုသီး	ga. ri' hpa. ju dhi:
bacca (f)	ဘယ်ရီသီး	be ji dhi:
bacche (f pl)	ဘယ်ရီသီးများ	be ji dhi: mja:
mirtillo (m) rosso	အနီရောင်ဘယ်ရီသီးတစ်မျိုး	ani jaun be ji dhi: di: mjou:
fragola (f) di bosco	စတော်ဘယ်ရီရိုင်	sato be ri jain:
mirtillo (m)	ဘီလဘယ်ရီအသီး	bi' l be ji athi:

145. Fiori. Piante

fiore (m)	ပန်း	pan:
mazzo (m) di fiori	ပန်းစည်း	pan: ze:
rosa (f)	နှင်းဆီပန်း	hnin: zi ban:
tulipano (m)	ကျူးလစ်ပန်း	kju: li' pan:
garofano (m)	ဇော်ဂျားပန်း	zo hmwa: bin:
gladiolo (m)	သစ္စာပန်း	thi' sa ban:
fiordaliso (m)	အပြာရောင်တောပန်းတစ်မျိုး	apja jaun dho ban: da' mjou:
campanella (f)	ခေါင်းရန့်အပြာပန်း	gaun: jan: apja ban:
soffione (m)	တောပန်းအဝါတစ်မျိုး	to: ban: awa ti' mjou:
camomilla (f)	မေမြို့ပန်း	mei. mjou. ban:
aloe (m)	ရှားစောင်းလက်ပတ်ပင်	sha: zaun: le' pa' pin
cactus (m)	ရှားစောင်းပင်	sha: zaun: bin
ficus (m)	ရော်ဘာပင်	jo ba bin
giglio (m)	နှင်းပန်း	hnin: ban:
geranio (m)	ကြွေပန်းတစ်မျိုး	kjwei ban: da' mjou:
giacinto (m)	ဗေဒါပန်း	bei da ba:
mimosa (f)	ထိကရုံးကြီးပင်	hti. ga. joun: gji: bin
narciso (m)	နားစီဆက်ပင်	na: zi ze's pin
nasturzio (m)	တောင်ကြာကလေး	taun gja galei:
orchidea (f)	သစ်ခွပင်	thi' khwa. bin
peonia (f)	စံဒပန်း	san dapan:
viola (f)	ဝိုင်အိုးလက်	bain: ou le'
viola (f) del pensiero	ပေါင်ဒါပန်း	paun da ban:
nontiscordardimé (m)	ခင်မမေ့ပန်း	khin ma. mei. pan:
margherita (f)	ဒေဇီပန်း	dei zi bin
papavero (m)	ဘိန်းပင်	bin: bin
canapa (f)	လေးချောက်ပင်	hsei: chau' pin
menta (f)	ပူစီနံ	pu zi nan
mughetto (m)	နှင်းပန်းတစ်မျိုး	hnin: ban: di' mjou:
bucaneve (m)	နှင်းခေါင်းလောင်းပန်း	hnin: gaun: laun: ban:
ortica (f)	ဖက်ယားပင်	hpe' ja: bin
acetosa (f)	မှော်ချဉ်ပင်	hmjo gji bin
ninfea (f)	ကြာ	kja
felce (f)	ဖန်းပင်	hpan: bin
lichene (m)	သစ်ကပ်မှော်	thi' ka' hmo
serra (f)	ဖန်လုံအိမ်	hpan ain
prato (m) erboso	မြက်ခင်း	mje' khin:
aiuola (f)	ပန်းစိုက်ခင်း	pan: zai' khan:
pianta (f)	အပင်	apin
erba (f)	မြက်	mje'
filo (m) d'erba	ရွက်မျှင်	jwe' chun:

foglia (f)	အရွက်	ajwa'
petalo (m)	ပွင့်ချပ်	pwin: gja'
stelo (m)	ပင်စည်	pin ze
tubero (m)	ဥမြစ်	u. mi'

germoglio (m)	အစို့အညှောက်	asou./a hnjau'
spina (f)	ဆူး	hsu:

fiorire (vi)	ပွင့်သည်	pwin: de
appassire (vi)	ညှိုးနွမ်းသည်	hnjou: nun: de
odore (m), profumo (m)	အနံ့	anan.
tagliare (~ i fiori)	ရိတ်သည်	jei' te
cogliere (vt)	ခူးသည်	khu: de

146. Cereali, granaglie

grano (m)	နံစားပင်တို့၏ အစေ့အဆံ	hnan za: bin dou. i. asei. ahsan
cereali (m pl)	ကောက်ပဲသီးနံ	kau' pe: dhi: nan
spiga (f)	အနှံ	ahnan

frumento (m)	ဂျုံ	gja. mei: ka:
segale (f)	ဂျုံရိုင်း	gjoun jain:
avena (f)	မြင်းစားဂျုံ	mjin: za: gjoun
miglio (m)	ကောက်ပဲသီးနှံပင်	kau' pe: dhi: nan bin
orzo (m)	မူယောစပါး	mu. jo za. ba:

mais (m)	ပြောင်းဖူး	pjaun: bu:
riso (m)	ဆန်စပါး	hsan zaba
grano (m) saraceno	ပန်းဂျုံ	pan: gjun

pisello (m)	ပဲစေ့	pe: zei.
fagiolo (m)	ဗိုလ်စားပဲ	bou za: be:
soia (f)	ပဲပုပ်ပဲ	pe: bou' pe
lenticchie (f pl)	ပဲနီကလေး	pe: ni ga. lei:
fave (f pl)	ပဲအမျိုးမျိုး	pe: amjou: mjou:

PAESI. NAZIONALITÀ

147. Europa occidentale

Europa (f)	ဥရောပ	u. jo: pa
Unione (f) Europea	ဥရောပသမဂ္ဂ	u. jo: pa dha: me' ga.
Austria (f)	ဩစတြီးယား	o. sa. tji: ja:
Gran Bretagna (f)	အင်္ဂလန်	angga. lan
Inghilterra (f)	အင်္ဂလန်	angga. lan
Belgio (m)	ဘယ်လ်ဂျီယံ	be l gji jan
Germania (f)	ဂျာမန်	gja man
Paesi Bassi (m pl)	နယ်သာလန်	ne dha lan
Olanda (f)	ဟော်လန်	ho lan
Grecia (f)	ဂရိ	ga. ri.
Danimarca (f)	ဒိန်းမတ်	dein: ma'
Irlanda (f)	အိုင်ယာလန်	ain ja lan
Islanda (f)	အိုက်စလန်း	ai' sa lan:
Spagna (f)	စပိန်	sapein
Italia (f)	အီတာလီ	ita. li
Cipro (m)	ဆူးပရက်စ်	hsu: pa. je' s te.
Malta (f)	မာတာ	ma ta
Norvegia (f)	နော်ဝေး	no wei:
Portogallo (f)	ပေါ်တူဂီ	po tu gi
Finlandia (f)	ဖင်လန်	hpin lan
Francia (f)	ပြင်သစ်	pjin dhi'
Svezia (f)	ဆွီဒင်	hswi din
Svizzera (f)	ဆွစ်ဇာလန်	hswa' za lan
Scozia (f)	စကော့တလန်	sa. ko: talan
Vaticano (m)	ဗာတိကန်	ba di gan
Liechtenstein (m)	ဗာတိကန်လူမျိုး	ba di gan dhu mjo:
Lussemburgo (m)	လူဇင်ဘာ့	lju hsan bo.
Monaco (m)	မိုနာကို	mou na kou

148. Europa centrale e orientale

Albania (f)	အယ်လ်ဘေးနီးယား	e l bei: ni: ja:
Bulgaria (f)	ဘူလ်ဂေးရီးယား	bou gei: ji: ja
Ungheria (f)	ဟန်ဂေရီ	han gei ji
Lettonia (f)	လတ်ဗီယန်	la' bi jan
Lituania (f)	လစ်သူနီယံ	li' thu ni jan
Polonia (f)	ပိုလန်	pou lan

Romania (f)	ရူမေးနီးယား	ru mei: ni: ja:
Serbia (f)	ဆယ်ဗိယံ	hse bi jan.
Slovacchia (f)	ဆလိုဗာကီယာ	hsa. lou ba ki ja

Croazia (f)	ခရိုအေးရှား	kha. jou ei: sha:
Repubblica (f) Ceca	ချက်	che'
Estonia (f)	အက်စ်တိုးနီးယား	e's to' ni: ja:

Bosnia-Erzegovina (f)	ဘော့နီးယားနှင့်ဟာဇီဂိုဘီနာ	bo'. ni: ja: hnin. ha zi gou bi na
Macedonia (f)	မက်ဆီဒိုးနီးယား	me' hsi: dou: ni: ja:
Slovenia (f)	ဆလိုဗီနီးယား	hsa. lou bi ni: ja:
Montenegro (m)	မွန်တာနီဂရို	mun dan ni ga. jou

149. Paesi dell'ex Unione Sovietica

| Azerbaigian (m) | အာဇာဘိုင်ဂျန်း | a za bain gjin: |
| Armenia (f) | အာမေးနီးယား | a me: ni: ja: |

Bielorussia (f)	ဘီလာရုစ်	bi la ju'
Georgia (f)	ဂျော်ဂျီယာ	gjo gji ja
Kazakistan (m)	ကာဇက်စတန်	ka ze' satan
Kirghizistan (m)	ကစ်ဂျီကစ္စတန်	ki' ji ki' za. tan
Moldavia (f)	မိုဒိုဗာ	mou dou ja

| Russia (f) | ရုရှား | ru. sha: |
| Ucraina (f) | ယူကရိန်း | ju ka. jein: |

Tagikistan (m)	တာဂျစ်ကစ္စတန်	ta gji' ki' sa. tan
Turkmenistan (m)	တဝ်မင်နစ္စတန်	ta' min ni' sa. tan
Uzbekistan (m)	ဥဇဘက်ကစ္စတန်	u. za. be' ki' sa. tan

150. Asia

Asia (f)	အာရှ	a sha.
Vietnam (m)	ဗီယက်နမ်	bi je' nan
India (f)	အိန္ဒိယ	indi. ja
Israele (m)	အစ္စရေး	a' sa. jei:

Cina (f)	တရုတ်	tajou'
Libano (m)	လက်ဘနန်	le' ba. nun
Mongolia (f)	မွန်ဂိုလီးယား	mun gou li: ja:

| Malesia (f) | မလေးရှား | ma. lei: sha: |
| Pakistan (m) | ပါကစ္စတန် | pa ki' sa. tan |

Arabia Saudita (f)	ဆော်ဒီအာရေဗီးယား	hso: di a jei. bi: ja:
Tailandia (f)	ထိုင်း	htain:
Taiwan (m)	ထိုင်ဝမ်	htain wan
Turchia (f)	တူရကီ	tu ra. ki
Giappone (m)	ဂျပန်	gja pan
Afghanistan (m)	အာဖဂန်နစ္စတန်	apha. gan na' tan

Bangladesh (m)	ဘင်္ဂလားဒေ့ရှ်	bang la: dei. sh
Indonesia (f)	အင်ဒိုနီးရှား	in do ni: sha:
Giordania (f)	ဂျော်ဒန်	gjo dan
Iraq (m)	အီရတ်	ira'
Iran (m)	အီရန်	iran
Cambogia (f)	ကမ္ဘောဒီးယား	ga khan ba di: ja:
Kuwait (m)	ကူဝိတ်	ku wi'
Laos (m)	လာအို	la ou
Birmania (f)	မြန်မာ	mjan ma
Nepal (m)	နီပေါ	ni po:
Emirati (m pl) Arabi	အာရပ်နိုင်ငံများ	a ra' nain ngan mja:
Siria (f)	ဆီးရီးယား	hsi: ji: ja:
Palestina (f)	ပါလက်စတိုင်း	pa le' sa tain:
Corea (f) del Sud	တောင်ကိုရီးယား	taun kou ri: ja:
Corea (f) del Nord	မြောက်ကိုရီးယား	mjau' kou ji: ja:

151. America del Nord

Stati (m pl) Uniti d'America	အမေရိကန် ပြည်ထောင်စု	amei ji kan pji htaun zu
Canada (m)	ကနေဒါနိုင်ငံ	ka. nei da nain gan
Messico (m)	မက္ကဆီကိုနိုင်ငံ	me' ka. hsi kou nain ngan

152. America centrale e America del Sud

Argentina (f)	အာဂျင်တီးနား	agin ti: na:
Brasile (m)	ဘရာဇီးလ်	ba. ra zi'l
Colombia (f)	ကိုလံဘီးယား	kou lan: bi: ja:
Cuba (f)	ကျူးဘား	kju: ba:
Cile (m)	ချီလီ	chi li
Bolivia (f)	ဘိုလစ်ဗီးယား	bou la' bi: ja:
Venezuela (f)	ဗင်နီဇွဲလား	be ni zwe: la:
Paraguay (m)	ပါရာဂွေး	pa ja gwei:
Perù (m)	ပီရူး	pi ju:
Suriname (m)	ဆူရီနိမ်း	hsu. ji nei:
Uruguay (m)	အူရူဂွေး	ou. ju gwei:
Ecuador (m)	အီကွေဒေါ	i kwei: do:
Le Bahamas	ဘာဟားမက်	ba ha me'
Haiti (m)	ဟိုင်တီ	hain ti
Repubblica (f) Dominicana	ဒိုမီနီကန်	dou mi ni kan
Panama (m)	ပနားမား	pa. na: ma:
Giamaica (f)	ဂျမေးကား	g'me:kaa:

153. Africa

Egitto (m)	အီဂျစ်	igji'
Marocco (m)	မော်ရိုကို	mo jou gou
Tunisia (f)	တူနီရှား	tu ni' sha:
Ghana (m)	ဂါနာ	ga na
Zanzibar	ဇန်ဇီဘာ	zan zi ba
Kenya (m)	ကင်ညာ	kin nja
Libia (f)	လိဗီယာ	li bi ja
Madagascar (m)	မာဒဂတ်ကာစကာ	ma de' ka za ga
Namibia (f)	နမီးဘီးယား	nami: bi: ja:
Senegal (m)	ဆယ်နီဂေါ်	hse ni go
Tanzania (f)	တန်ဇားနီးယား	tan za: ni: ja:
Repubblica (f) Sudafricana	တောင်အာဖရိက	taun a hpa. ji. ka.

154. Australia. Oceania

Australia (f)	ဩစတြေးလျ	thja za djei: lja
Nuova Zelanda (f)	နယူးဇီလန်	na. ju: zi lan
Tasmania (f)	တာ့စ်မေးနီးယား	ta. s mei: ni: ja:
Polinesia (f) Francese	ပြင်သစ် ပေါ်လီးနီးရှား	pjin dhi' po li: ni: sha:

155. Città

L'Aia	ဒဟာဂူးမြို့	da. ha gu: mjou.
Amburgo	ဟန်းဘာ့ဂ်မြို့	han: ba. k mjou.
Amsterdam	အမ်စတာဒမ်မြို့	an za ta dan mjou.
Ankara	အမ်ကာရာမြို့	an ga ja mjou.
Atene	အေသင်မြို့	e thin mjou.
L'Avana	ဟာဘားနားမြို့	ha ba: na: mjou.
Baghdad	ဘဂ္ဂဒတ်မြို့	ba' ga. da mjou.
Bangkok	ဘန်ကောက်မြို့	ban gou' mjou.
Barcellona	ဘာစီလိုနာမြို့	ba zi lou na mjou.
Beirut	ဘီရာရှုမြို့	bi ja ju. mjou.
Berlino	ဘာလင်မြို့	ba lin mjou.
Bombay, Mumbai	မွန်ဘိုင်းမြို့	mun bain mjou.
Bonn	ဘွန်းမြို့	bwun: mjou.
Bordeaux	ဘော်ဒိုးမြို့	bo dou: mjou.
Bratislava	ဘရာတာဝ်ဆလာဘာမြို့	ba. ra ta' hsa. la ba mjou.
Bruxelles	ဘရပ်ဆဲလ်မြို့	ba. ja' hse:' mjou.
Bucarest	ဘူးရောက်မြို့	bu: ga. ja' mjou.
Budapest	ဘူဒါပတ်စ်မြို့	bu da pa' s mjou.
Il Cairo	ကိုင်ရိုမြို့	kain jou mjou.
Calcutta	ကာလကတ္တားမြို့	ka la ka' ta mjou.
Chicago	ရှီကာဂိုမြို့	chi ka gou mjou.

Italiano	Birmano	Pronuncia
Città del Messico	မက္ကဆီကိုမြို့	me' ka. hsi kou mjou.
Copenaghen	ကိုပင်ဟေးဂင်မြို့	kou pin hei: gin mjou.
Dar es Salaam	ဒါရှုစလမ်မြို့	da ju za. lan mjou.
Delhi	ဒေလီမြို့	dei li mjou.
Dubai	ဒူဘိုင်းမြို့	du bain mjou.
Dublino	ဒဘလင်မြို့	da' ba lin mjou.
Düsseldorf	ဂျူဆယ်ဒေါ်ဖ်မြို့	gju hse' do. hp mjou.
Firenze	ဖလော်ရန့်စ်မြို့	hpa. lau jan s mjou.
Francoforte	ဖရန့်ဖုတ်မြို့	hpa. jan. hpa. t. mjou.
Gerusalemme	ဂျေရုဆလင်မြို့	gjei jou hsa. lin mjou.
Ginevra	ဂျီနီဗာမြို့	gja. ni ba mjou.
Hanoi	ဟနွိုင်းမြို့	ha. noin: mjou.
Helsinki	ဟယ်လ်ဆင်ကီမြို့	he l hsin ki mjou.
Hiroshima	ဟီရိုရှီးမားမြို့	hi jou si: ma: mjou.
Hong Kong	ဟောင်ကောင်မြို့	haun: gaun: mjou.
Istanbul	အစ္စတန်ဘူလ်မြို့	a' sa. tan bun mjou.
Kiev	ကီးယက်မြို့	ki: je' mjou.
Kuala Lumpur	ကွာလာလမ်ပူမြို့	kwa lan pu mjou.
Lione	လိုင်ယွန်မြို့	lain jun mjou.
Lisbona	လစ်စဘွန်းမြို့	li' sa bun: mjou.
Londra	လန်ဒန်မြို့	lan dan mjou.
Los Angeles	လော့အိန်ဂျလီမြို့	lau in gja. li mjou.
Madrid	မတ်ဒရစ်မြို့	ma' da. ji' mjou.
Marsiglia	မာရ်ဆေးမြို့	ma zei: mjou.
Miami	မိရာမီမြို့	mi ja mi mjou.
Monaco di Baviera	မျူးနစ်မြို့	mju: ni' mjou.
Montreal	မွန်ထရယ်မြို့	mun da. ji je mjou.
Mosca	မော်စကိုမြို့	ma sa. kou mjou.
Nairobi	နိုင်ရိုဘီမြို့	nain jou bi mjo.
Napoli	နပို့မြို့	ni po: mjou.
New York	နယူးယောက်မြို့	na. ju: jau' mjou.
Nizza	နိစ်မြို့	nai's mjou.
Oslo	အော်စလိုမြို့	o sa lou mjou.
Ottawa	အော့တဝါမြို့	o. ta wa mjou.
Parigi	ပဲရစ်မြို့	pe: ji' mjou.
Pechino	ပီကင်းမြို့	pi gin: mjou.
Praga	ပရဂ်မြို့	pa. ra' mjou.
Rio de Janeiro	ရီယိုဒေးဂျန်နီရိုမြို့	ri jou dei: gjan ni jou mjou.
Roma	ရောမမြို့	ro: ma. mjou.
San Pietroburgo	စိန့်ပီတာစဘတ်မြို့	sein. pi ta za ba' mjou.
Seoul	ဆိုးလ်မြို့	hsou: l mjou.
Shanghai	ရှန်ဟိုင်းမြို့	shan hain: mjou.
Sidney	စစ်ဒနေမြို့	si' danei mjou.
Singapore	စင်္ကာပူ 	sin ga pu
Stoccolma	စတော့ဟုမ်းမြို့	sato. houn: mjou.
Taipei	တိုင်ပေမြို့	tain bei mjou.
Tokio	တိုကျို	tou gjou mjou.

Toronto	တိုရွန်တိုမြို့	tou run tou mjou.
Varsavia	ဝါဆောမြို့	wa so mjou.
Venezia	ဗင်းနစ်မြို့	bin: na' s mjou.
Vienna	ဗီယင်နာမြို့	bi jin na mjou.
Washington	ဝါရှင်တန်မြို့	wa shin tan mjou.

www.ingramcontent.com/pod-product-compliance
Lightning Source LLC
Chambersburg PA
CBHW070553050426
42450CB00011B/2852